正變・通變・新變
下冊

目次

第五章
唐代文論中的「正變」論

第六章
宋金元文論中的「正變」論

第七章
明代文論中的「正變」論

第八章
清代文論中的「正變」論

中編
——
通變

第一章
「通變」一詞的來源及其內涵

第二章
劉勰的「通變」論

第三章
隋唐宋文論家的「以復古為通變」

下編
——
新變

第一章
「新變」產生的歷史文化背景

第二章
「永明聲律」說與「新變」

第三章
蕭子顯、蕭統、蕭綱、蕭繹、徐陵的「新變」論

第四章
隋唐文論中的「新變」

第五章
宋金元文論中的「新變」

第六章

從復古走向「新變」的明代

第七章

清代文論中的「新變」

第八章
近代文論的「新變」論

中編

通變

第一章

「通變」一詞的來源及其內涵

　　「通變」一詞，最早見於《易》〈繫辭上〉：「極數知來之謂占，通變之謂事。」意思是說：窮盡卦爻變化以預測未來就叫占問，通曉事物的變化有所行動就叫做事。

　　「通變」，《易經》有時也稱「變通」。《易》〈繫辭下〉云：「剛柔者，立本者也；變通者，趣（趨）時者也。」高亨先生解釋說：「《易傳》所謂時指當時之具體型勢、環境與條件。人之行事有變通，乃急趨以應當時之需要也。天地萬物的變通亦在趣時。」[1]

　　「通變」或「變通」在《易傳》中，有時也分為單音詞互文對應使用：

　　　化而裁之謂之變，推而行之謂之通。（〈繫辭上〉）

1　高亨：《周易大傳今注》，齊魯書社1979年版。後文凡引《易傳》及高亨說均出此書。

化而裁之存乎變，推而行之存乎通。（〈繫辭上〉）

　　《易傳》把形而上者叫作「道」，形而下者叫作「器」。所謂「化而裁之」，就是將道與器結合起來加以調整，這就叫「變」。合著道與器推衍運用，叫作「通」。形而上者，指文化制度等思想意識形態；形而下者，指天地萬物等物質形態。「道」，即理論、方法、原則，所以屬於形而上；「器」，指具體的物質性的東西，所以屬於形而下。《易經》能充分反映人的思想、言論與活動，又能反映天地萬物的變化，而人類事業在於利用道與器而加以變通，《易經》的卦爻象及卦爻辭足以指導人去做種種事業。「化而裁之存乎變」二句，是說萬種物象的互相連繫，道與器的調整和諧，就在於變，「存乎」即「在於」，意思是說將這些原則推廣施行，就在於變通。

　　《易》〈繫辭上〉又用「宇宙之門」的開合說明「變」與「通」的關係：

　　是故闔戶謂之坤，辟戶謂之乾；一闔一辟謂之變，往來不窮謂之通。

　　高亨先生注云：「闔，閉也。辟，開也。坤為地，此坤謂地氣，即陰氣也。乾為天，此乾謂天氣，即陽氣也。秋冬之時，萬物入，宇宙之門閉，是地之陰氣當令，故曰：『闔戶謂之坤。』春夏之時，萬物出，宇宙之門開，是天之陽氣當令，故曰：『辟戶謂之乾。』宇宙之門一閉一開，萬物一入一出，是謂之變。閉開入出，往來不窮，是謂之通。」

　　春夏秋冬四時的變化，是陽氣當令與陰氣當令的遞轉變化，所以

《易》〈繫辭下〉又説：

是故法象莫大乎天地，變通莫大乎四時，縣（懸）象著明莫大乎日月。

也就是説，「變通」最顯著的就是春夏秋冬四季。
《易》〈繫辭下〉又説：

通其變，使民不倦；神而化之，使民宜之。

意思是説通於事物之變化（包括前人之創造），使民利用不厭，加以神妙之改作，使民利用皆宜。（用高亨注）

《易》，窮則變，變則通，通則久。

高亨註：「此舉《易》道以明變化之必要。」
「通其變」與「通變」義同，在《易》〈繫辭上〉已使用過一次：

參伍以變，錯綜其數，通其變，遂成天下之文。極其數，遂定天下之象。

高亨注云：「參讀為三。伍讀為五。三五代表較小而不定之數字。變指爻變從而卦變。《易經》各卦六爻之變三五不定。錯，交錯。綜，綜合。數指爻之位次。《易經》各卦六爻之數交錯綜合，形成爻位與爻位之關係。成猶定也。事物必有關係，《易經》以卦爻之數反映事物之

關係，故盡《易經》卦爻之數，則能定天下事物之象。」

《易》〈繫辭上〉又言：

> 變而通之以盡利，鼓之舞之以盡神。

高亨註：「神是最高智慧之稱。此言《易經》鼓舞人以盡其智慧。」
與「通變」義相近的，還有「會通」、「適變」二詞：

> 聖人有以見天下之動，而觀其會通，以行其典禮，繫辭焉以斷其
> 吉凶，是故謂之爻。（《易》〈繫辭上〉）

「觀其會通」，孔穎達疏謂「觀其物之會合變通」。可見「會通」
與「變通」義近。

《易》〈繫辭下〉談到易道屢遷、變動不居時又説：

> 上下無常，剛柔相易，不可為典要，唯變所適。

「唯變所適」，韓康伯注云：「變動貴於適時，趣舍存乎會也。」上
文曾引〈繫辭下〉所言「變通者，趣時者也」，與此處的「唯變所適」
意思是相通的，都有隨時所變以應急需之意。後來劉勰的《文心雕龍》
〈通變〉篇，把「唯變所適」簡化為「適變」，將「會通」與「適變」
相對成文，引入文論之中，有所謂「憑情以會通，負氣以適變」的説
法，其美學內涵，留待後文論述。

寇效信先生在《文心雕龍美學範疇研究》[2]一書中總結《易》〈繫辭〉的「通變」時說：

《易》〈繫辭〉的通變，是一個反映卦爻和事物發展變化的概念。它裡面包含著變化的目的、條件、結果等因素，反映了我國古代哲學對事物運動變化契機的初步認識。「通」與「變」分開來解釋，含義有些差別，但這種差別不是兩個相反的概念之間的差別。「變」是變革、變化，「通」是通利，與「變化」相通，而不是像「不變」、「繼承」那樣與「變化」、「革新」相反。「通」與「變」合組成詞之後，它們之間的這種差別就不顯著了，而成為一個標示變化的概念和名詞。

寇效信先生的綜合歸納基本上符合《易》〈繫辭〉多處出現的「通變」或「變通」的含義，但《易》〈繫辭〉中的「通變」並非只是事物發展變化的概括，「通變」不管合組成詞也好，分而言之也好，還是含對立統一關係的，至少在《易》〈繫辭〉中的某種場合是有對立統一因素的。上引《易》〈繫辭上〉用「宇宙之門」的開合來說明「變」與「通」的關係，開與合就是對立的；「闔戶謂之坤，闢戶謂之乾」，「坤」與「乾」也是對立的；「一闔一闢謂之變，往來不窮謂之通」，不僅「變」與「通」含義不同，「變」本身就含有矛盾的對立。矛盾是絕對的，無所不在的，沒有矛盾就沒有發展，就沒有變化，這是毛澤東同志《矛盾論》的著名觀點，在今天看來仍是正確的。寇效信先生還認為「通變」不是繼承與革新的關係，也就是說，「通」不含繼承因素。《易經》專家高亨先生在解釋「通其變，使民不倦；神而化之，使民宜之」時，

2　陝西人民出版社1997年版。

説明了「通變」是含繼承前人的創造在內，含繼承前代文化、意識形態的因素。

《易》〈繫辭〉產生之後，一直至齊梁時，學者對「通變」一詞的理解與運用，大體有兩種情況，一種是把「通變」作為事物發展變化的概念來使用，另一種是把「通變」作為繼承與革新的對立統一。如班固《典引》説：

> 亞斯之代，通變神化，函光而未曜。若夫上稽乾則，降承龍翼，而炳諸典謨，以冠德卓絕者，莫崇於陶唐。

「亞斯之代」，「斯」指三皇五帝的時代，亞於這個時代，即晚於這個時代，便是指唐堯虞舜的時代。「通變神化，函光而未曜」二句，《文選》〈班固〉〈典引〉李周翰註：「變通神化，其光不見則難可知也。」、「若夫上稽乾則，降承龍翼」兩句，李善注説：「翼，法也。言陶唐上能考天之則，下能承龍之法也。龍法，龍圖也。」上下文連繫起來看，「通變神化」，不能説與後文之上考天之則，下承龍之法無關係，只是在陶唐之前，「亞斯之代」的初期，「通變神化」，尚且含光而未曜而已。陶唐之時，「通變神化」已大放光芒了。所以這個「通變」，不能排斥有繼承與革新對立統一之義。

《後漢書》〈崔駰傳〉載崔駰《達旨》云：

> 道無常稽，與時張弛，失仁為非，得義為是。君子通變，各審所履。

這裡所説的「通變」，為通曉變化之理或指通權達變，「通」與

「變」不含明顯之對立關係。

阮瑀《為曹公作書與孫權》：

故子胥知姑蘇之有麋鹿，輔果識智伯之為趙禽。穆生謝病，以免楚難。鄒陽北遊，不同吳禍。此四士者，豈聖人哉，徒通變思深，以微知著耳。

這裡的「通變」，指能通曉發展變化，見微知著。

《莊子》〈在宥〉說：「得吾道者，上為皇而下為王。」郭象註：「皇王之稱，隨世之上下耳，其於得通變之道以應無窮，一也。」

《莊子》〈徐無鬼〉中有一段寓言：言濡需者（指矜誇之人），皆豕蝨也。蝨子寄生在豬身上，選擇疏長之毛鬣，自以為廣宮大囿，又投足乳旁之間，自以為溫暖便利，「不知屠者之一旦鼓臂布草操煙火，而己（指蝨）與豕俱焦也」。

在「此其所謂濡需者也」句下，郭象註：「非夫通變邈世之才而偷安乎一時之利者，皆豕蝨者也。」

郭象注的「通變」，似指洞曉發展變化或隨時變化。

任昉的《百辟勸進今上箋》，寫於齊末，是勸蕭衍接受梁公封號而寫給蕭衍的一封信。其中有「某等不達通變，實有愚誠」兩句。《文選》卷四十李善注引《周易》曰：「通其變，使民不倦。」這兩句前文已引錄，並引用高亨注說明「通其變」的含義除了通達事物的發展變化外，尚包括前人的創造，故上文指出此處的「通」含繼承前人創造之義。

通過以上的例證與簡單的分析，我們大體可以得出這樣的結論：「通變」在《易經》〈繫辭〉中的用法與含義並非只有一種解釋，並非只是單純的發展變化，有時是含對立因素的，後人使用這一概念時，

也呈現複雜的態勢。但在劉勰之前，「通變」還未引入文論中，還未成為美學範疇，在《易經》中雖已成為一個哲學範疇，但哲學與美學關係是密切的，「通變」成為美學範疇是劉勰的創造，劉勰據以發展創造的思想淵源，便是《易傳》。

第二章

劉勰的「通變」論

第一節　對劉勰的「通變」美學內涵的幾種不同理解與分歧

　　劉勰《文心雕龍》的第二十九篇為〈通變〉篇，對於此篇的主旨如何理解，關係到如何準確地把握「通變」這一美學範疇的問題。但對〈通變〉主旨的認識，迄今尚存在分歧。有代表性的觀點，大約有三種：

　　第一種觀點認為，劉勰「通變」論的主旨，重在復古。最早提出這一觀點的是清代學者紀昀。他在《文心雕龍》〈通變〉篇的評語中說：

　　齊梁間風氣綺靡，轉相神聖，文士所作，如出一手，故彥和以通變立論，然求新於俗尚之中，則小智師心，轉成纖仄，明之竟陵公

安，是其明證，故挽其返而求之古。蓋當代之新聲，既無非濫調，則古人之舊式，轉屬新聲。復古而名為通變，蓋以此爾。

黃侃《文心雕龍札記》亦認為「通變」是為了復古。他說：

此篇大指，示人勿為循俗之文，宜反之於古。其要語曰：「矯訛翻淺，還宗經誥，斯斟酌乎質文之間，而隱括乎雅俗之際，可與言通變矣。」此則彥和之言通變，猶補偏救弊云爾。文有可變革者，有不可變革者。可變革者，遺辭捶字，宅句安章，隨手之變，人各不同。不可變革者，規矩法律是也。雖歷千載，而粲然如新，……彥和此篇，既以通變為旨，而章內乃歷舉古人轉相因襲之文，可知通變之道，惟在師古，所謂變者，變世俗之文，非變古昔之法也。……彥和云：「誇張聲貌，漢初已極，自茲厥後，循環相因，雖軒翥出轍，而終入籠內。」明古有善作，雖工變者不能越其範圍，知此，則通變之為復古，更無疑義矣。[1]

范文瀾亦主張「通變」重在復古，他在《文心雕龍》〈通變〉篇注引紀昀評語之後，加按語說：「紀氏之說是也。」後注又言：「此篇雖旨在變新復古，而通變之術，要在『資故實，酌新聲』兩語，缺一則疏矣。」[2]

郭紹虞《中國文學批評史》（第90頁），在引錄了〈通變〉篇的一段文字後，說：「這完全以通變為復古了。因為這樣通變，認清了文學

1 黃侃：《文心雕龍札記》，中華書局1962年版，第102頁。

2 范文瀾：《文心雕龍注》，人民文學出版社2000年版，第521-522頁注①、注③。

的任務，認識了文學的本質，所以復古的主張反能成為革新。」

劉永濟的《文心雕龍校釋》，首先對紀昀、黃侃的「通變復古說」，提出不同看法。他說：

> 本篇最啟人疑者，即舍人論旨，是否主復古耳。紀評謂劉氏「復古而名通變者，蓋當代之新聲，既無非濫調，則古人之舊式，轉屬新聲。」黃侃《札記》即申是說。然舍人首言「資於故實，酌於新聲」，贊語復發文律日新，變則可久，趨時乘機，望今參古之義，則「競今疏古」，固非所尚，泥古悖今，亦豈所喜？證以舍人他篇，每論一理，鑑周識圓，不為偏頗，知紀、黃所論，尚未的當。蓋此篇本旨，在明窮變通久之理。所謂變者，非一切舍舊，亦非一切從古之謂也，其中必有可變與不可變者焉；變其可變者，而後不可變者得通。可變者何？舍人所謂文辭氣力無方者是也。不可變者何？舍人所謂詩賦書記有常者是也。……舍人〈通變〉之作，蓋欲通此窮途，變其末俗耳。然欲變末俗之弊，則當上法不弊之文，欲通文運之窮，則當明辨常變之理。「矯訛翻淺，還宗經誥」者，上法不弊之文也；「斟酌質文，櫽括雅俗」者，明辨常變之理也。故曰：「可與言通變矣。」其非泥古，顯然可知。[3]

我認為，劉永濟先生的看法是正確的，對〈通變〉主旨的把握較為準確。劉勰的「通變」不是復古論，它是繼承與革新、借鑑與發展、不變與可變的辯證統一。具體論述，留待後文。

第二種觀點認為，劉勰的「通變」論是繼承與革新的對立統一。

3　劉永濟：《文心雕龍校釋》，中華書局1962年版，第110-111頁。

二十世紀六十年代以後，隨著《文心雕龍》研究的深入，大多數學者已認識到「通變」不是復古。但「通變」的內涵是什麼，又產生了兩種不同的看法，迄今尚不能取得一致。

一九六一年，馬茂元先生在《說通變》[4]一文中，對「通變」作了這樣的解釋：

在文學發展的歷史過程中，就其不變的實質而言則為「通」，就其日新月異的現象而言則為「變」。「通」與「變」對舉成文，是一個問題的兩方面，把「通變」連綴成一個完整的詞義，則是就其對立統一的關係而說的。

一九六三年，陸侃如師、牟世金先生在《〈文心雕龍〉選譯》（山東人民出版社出版）〈通變〉篇的題解中說：「（〈通變〉篇）說明文學創作既應繼承古代遺產的優良傳統，也應在繼承的基礎上有所發展革新。」此後，他們又在一九七八年上海古籍出版社出版的《劉勰和〈文心雕龍〉》一書中說：「劉勰在〈通變〉篇裡集中討論了文學創作上的繼承與革新的問題。……他稱繼承的關係為『通』，稱改革的情況為『變』。」

詹鍈先生在一九八〇年中華書局出版的《劉勰與〈文心雕龍〉》中說：「文學發展日新月異的現象叫作『變』，而在變中又有貫通古今的不變的因素叫作『通』。『通』與『變』是對立的統一。」

八〇年代之後，贊成以上四位先生意見的人數頗多，茲不贅述。

還有些學者持第三種觀點，他們認為，「通變」僅是講變化發展，

4　載《江海學刊》1961年11月號。

本身不含繼承之意。這類觀點以寇效信先生的《「通變」釋疑》[5]為代表。他認為：「劉勰在《文心雕龍》中，襲用了從《易》〈繫辭〉以來人們習用的『通變』一詞，用來說明文學的發展變化。」他引用《文心雕龍》〈通變〉篇開篇一段文字：

　　夫設文之體有常，變文之數無方。何以明其然耶？凡詩賦書記，名理相因，此有常之體也；文辭氣力，通變則久，此無方之數也。名理有常，體必資於故實；通變無方，數必酌於新聲；故能騁無窮之路，飲不竭之源。

　　寇效信認為：「這段話的行文採用『對置法』，由許多兩兩相對的概念組織成文，顯得錯綜複雜。但仔細推求，就可以明顯地看出，『通變』就是變化發展的意思。劉勰並沒有把『通』與『變』對舉，而是把『通變』與『相因』作為兩個對立的方面對舉的。在文學發展過程中，『通變』的對象是『文辭氣力』（『文辭氣力，通變則久』），而『相因』的對象是文章體制（『凡詩賦書記，名理相因』）；『通變』是『無方』的，沒有一定的法式，而『相因』的文章體制之『名理』是『有常』的，有歷史上形成的常規可循。在創作中，『通變』之『數』要『酌於新聲』，而『相因』之『體』則必須『資於故實』。用現代術語來說，『通變』就是變化、革新，而『相因』則為繼承：『通變』與『相因』構成了文學發展中對立統一的關係。」又說：「劉勰有時把『通變』一詞分開並提，如『變則堪久，通則不乏』。即使在這種場合，『通』與『變』也不是對立的，不是『通』為繼承，『變』為革新，而是基本一致，都

5　《陝西師大學報》1985年第4期。

指變革。」

　　寇效信的這一看法，是值得商榷的。他對〈通變〉篇開頭一段的文字的解釋，孤立地看，不能說沒有道理，但要從整體上把握〈通變〉篇的主旨，全面理解「通變」這一範疇的美學內涵，還不能說「通變」只是講發展變化，與繼承無關，不能說「通變」與「相因」是對立統一的關係，「通變」本身就是對立的統一。這一點寇效信先生在後文中也加以承認，他說：

　　誠然，〈通變〉篇是研究繼承與革新的關係的。但這種關係，不是直接表現在「通」與「變」的對立統一中，而是表現在如下兩個層次上：第一個層次，在研討文章的繼承與革新的關係時，劉勰首先把文章的內部構成分為「變」和「不變」兩大類：文章體制和「文辭氣力」。他認為，文章體制要繼承，而文辭氣力，則必須通變、革新。……

　　第二個層次，表現在「通變」這個概念的內涵之中。劉勰認為，「通變」不是憑空求變，而是在繼承的基礎上求得變化革新。「參伍因革，通變之數也。」、「因」，就是繼承、因襲，「革」是變化、革新。「通變」的法則是繼承與革新的統一。從「通變」這一概念的內涵來說，它應該是「因」與「革」的統一，是在繼承的基礎上的革新。

　　由此可見，寇效信認為「通變」的語言詞義不是繼承與革新的統一，而「通變」的邏輯概念內涵是繼承與革新的統一，這已經與上引馬茂元、陸侃如、牟世金、詹鍈諸先生的說法有點接近了。我們所說的「通變」正是作為一個重要的美學範疇來理解的。從上引《易》〈繫辭〉關於「通變」的多處用法，亦不能排斥「通變」在某種場合含繼

承之義。退一步說，即使《易》〈繫辭〉所有的「通變」不含繼承與革新、變化對立統一之義，劉勰在使用「通變」一詞時，仍可以賦予它新的內涵，在概念、範疇的含義上進行轉換。「通變」在《易》〈繫辭〉中，就主要方面而言，是由卦爻的變化而推及萬事萬物的發展變化，充其量不過是一個哲學範疇，劉勰把它引入文論中，成為美學範疇，不能不對《易》〈繫辭〉的含義有所捨棄，賦予它新的內涵，把「通變」轉換為論文學繼承與革新的辯證統一關係，這是需要著重說明的一點。

第二節　劉勰「通變」論產生的文化背景

　　《文心雕龍》〈通變〉篇是對上古到齊梁的文學發展概況所作的歷史總結，又是針對從魏晉到齊梁文學的「新變」趨勢而提出的文學主張，考察「通變」的產生，不能離開這一基本的文化背景。從建安時期開始，文學藝術逐漸擺脫經學的束縛而獨立發展，進入了「文學的自覺時代」。而這種「自覺」是與在文學中發現「自我」、認識自我的價值、追求個性解放和自由相連繫的。這種自覺意識的覺醒，促進了文學創作的繁榮，所以建安時代是文學創作空前繁榮的時代，作者「蓋將百計」，「彬彬之盛，大備於時矣」（鍾嶸《詩品序》）。建安文學具有「以情緯文，以文被質」（《宋書》〈通靈運傳論〉）的特點，在內容上重抒情，在形式上重文采，有文采繽紛的華麗藻飾。我們如果拿漢詩和《古詩十九首》與建安時代曹植的詩作比較，便可看出它們之間的不同。關於這一點，古代詩論家多有指出者。明代胡應麟《詩藪》說：

　　　子建《名都》、《白馬》、《美女》諸篇，辭極贍麗，然句頗尚工，

語多致飾，視東西京樂府，天然古質，殊自不同。

嚴（羽）謂建安以前，氣象渾淪，難以句摘，此但可論漢古詩。若「高台多悲風」，「明月照高樓」，「思君如流水」，多建安語也。子建、子桓工語甚多，如「丹霞夾明月，華星出雲間」，「秋蘭被長阪，朱華冒綠池」之類，句法字法，稍稍透露。（《詩藪》〈內編〉卷二）

建安詩人的詩作，在自然景色的描寫上有不少已採用對偶句法，並且注意到文字的雕琢，可以看出一些用功的字面和在煉字上的斧鑿痕跡。在賦的寫作上，兩漢的「體物瀏亮」的大賦，建安作家已經不寫了，曹植的《洛神賦》，曹丕的《寡婦賦》，王粲的《登樓賦》都是抒情的，而且頗富文采。這種創作傾向，反映在理論上，就是曹丕《典論》〈論文〉所說的「詩賦欲麗」。到了晉代，詩文創作對形式的講求更進了一步。劉勰《文心雕龍》〈明詩〉篇說：「晉世群才，稍入輕綺。……采縟於正始，力柔於建安；或析文以為妙，或流靡以自妍：此其大略也。」宋以後，追新競奇、尚麗辭、重藻飾的傾向更加嚴重，故劉勰云：「宋初文詠，體有因革，莊老告退，而山水方滋；儷采百字之偶，爭價一句之奇，情必極貌以寫物，辭必窮力以追新：此近世之所競也。」（〈明詩〉）

不少研究者指出，劉勰對六朝文學的「新變」是有所不滿的，這也是事實。〈通變〉篇在論述從唐虞到宋初的文學遞嬗演變時曾說：

是以九代詠歌，志合文則。黃歌「斷竹」，質之至也；唐歌《在昔》，則廣於黃世；虞歌《卿雲》，則文於唐時；夏歌「雕牆」，縟於虞代；商周篇什，麗於夏年。至於序志述時，其揆一也。暨楚之騷文，

矩式周人；漢之賦頌，影寫楚世；魏之篇制，顧慕漢風；晉之辭章，瞻望魏采。榷而論之，則黃唐淳而質，虞夏質而辨，商周麗而雅，楚漢侈而豔，魏晉淺而綺，宋初訛而新。從質及訛，彌近彌澹。何則？競今疏古，風昧氣衰也。

　　對這段話的理解，也是分歧很多的。「九代」是指哪幾個朝代，陸侃如、牟世金先生謂指黃帝、唐、虞、夏、商、周（包括楚國）、漢、魏、晉（包括宋初）九個朝代；周振甫先生《文心雕龍註釋》認為「九代」指黃帝、唐、虞、夏、商、周、漢、魏、晉，楚屬於周，宋、齊沒有計入；寇效信先生認為，「九代」極言其多，非實指九個朝代，猶如歷代、多代。寇說似不可從。所謂「志合文則」，是說九代詩歌在情志的表達上是符合寫作法則的。對九代的詩歌，劉勰肯定哪些朝代，批判哪些朝代，認識也不一致。寇效信認為，對黃帝、唐、虞、夏、商、週六代詩歌的「質文」變化，劉勰持肯定態度；對於楚、漢、魏、晉、宋各代，則持批判的態度。這恐怕把批判的範圍擴大了，首先是誤解了「楚漢侈而豔」的含義，這句話是說楚國和漢代的作品是鋪張而尚辭采的，當指楚辭與漢代的大賦而言。劉勰在《文心雕龍》〈辨騷〉篇高度評價了楚辭，說它「雖取熔經意，亦自鑄偉辭」，「故能氣往轢古，辭來切今，驚采絕豔，難與並能矣」。贊中又說：「不有屈原，豈見《離騷》？驚才風逸，壯志煙高。山川無極，情理實勞。金相玉式，豔溢錙毫。」劉勰雖指出楚騷有異乎經典的四個方面，但絲毫沒有貶低楚騷的價值和地位。不僅如此，《文心雕龍》〈序志〉篇還把〈辨騷〉列入「文之樞紐」，不作為文體論中的一體，稱為「變乎騷」，大有把《離騷》當作「通變」的楷模和藝術標本的味道，在〈通變〉篇中，焉能對它進行批判呢？劉勰對漢賦，也不是持否定態度的。《文心雕龍》

〈詮賦〉開篇即言：「《詩》有六義，其二曰『賦』。『賦』者，鋪也；鋪采摛文，體物寫志也。」所謂「楚漢侈豔」的「侈」，就是鋪張。「鋪采摛文」是漢賦的文體特點，應當說是「志合文則」的。劉勰在〈詮賦〉篇中列舉出賦的代表作家十名，除荀卿、宋玉之外，其他八家都是漢代賦家：「枚乘《菟園》，舉要以會新；相如《上林》，繁類以成豔；賈誼《鵩鳥》，致辨於情理；子淵《洞簫》，窮變於聲貌；孟堅《兩都》，明絢以雅贍；張衡《二京》，迅發以宏富；子雲《甘泉》，構深瑋之風；延壽《靈光》，含飛動之勢：凡此十家，並辭賦之英傑也。」從這些讚揚的話中，我們看不出絲毫的批判與否定。

〈通變〉篇又云：「今才穎之士，刻意學文，多略漢篇，師範宋集；雖古今備閱，然近附而遠疏矣。」、「近附而遠疏」與「競今疏古」，是同義語，都是劉勰所反對的。

「魏晉淺而綺」，是說魏晉的作品輕淺而綺麗，是正常的發展變化。「輕淺」是含貶義的，我理解「輕淺綺麗」主要指晉代文學，〈明詩〉篇說：「晉世群才，稍入輕綺」。眾所周知，劉勰對建安文學評價是非常高的，在〈明詩〉篇中他用熱情的語言讚揚建安文學說：「暨建安之初，五言騰踊，文帝陳思，縱轡以騁節，王徐應劉，望路而爭驅；並憐風月，狎池苑，述恩榮，敘酣宴，慷慨以任氣，磊落以使才；造懷指事，不求纖密之巧；驅辭逐貌，唯取昭晰之能：此其所同也。」〈時序〉篇又說：「自獻帝播遷，文學蓬轉，建安之末，區宇方輯。魏武以相王之尊，雅愛詩章；文帝以副君之重，妙善辭賦：陳思以公子之豪，下筆琳瑯；並體貌英逸，故俊才雲蒸。……觀其時文，雅好慷慨，良由世積亂離，風衰俗怨，並志深而筆長，故梗概而多氣也。」劉勰對文學史的分期與今天的研究者有所不同，可能把建安歸入漢代。他所說的魏晉，不包括建安。但魏晉文學的發展變化，在劉勰心目

中，並非是向壞的方面發展。從〈明詩〉與〈時序〉諸篇來看，劉勰
對魏晉文學的評價還是襃多於貶的。何以明其然？且看〈明詩〉篇的
論述：

乃正始明道，詩雜仙心；何晏之徒，率多浮淺。唯嵇志清峻，阮
旨遙深，故能標焉。若乃應璩《百一》，獨立不懼，辭譎義貞，亦魏之
遺直也。

晉世群才，稍入輕綺，張潘左陸，比肩詩衢，采縟於正始，力柔
於建安；或析文以為妙，或流靡以自妍：此其大略也。江左篇制，溺
乎玄風，嗤笑徇務之志，崇盛亡機之談；袁孫已下，雖各有雕采，而
辭趣一揆，莫與爭雄。所以景純仙篇，挺拔而為俊矣。

所謂「正始明道，詩雜仙心」，是指在詩中反映老莊之道，這是玄
言詩的弊端，劉勰、鍾嶸都批判過玄言詩，這種「理過其辭，淡乎寡
味」（《詩品序》）的玄言詩，是詩歌發展中的異變，理應遭到劉、鍾
等人的批判。但正始時代的代表作家是阮籍與嵇康，從「嵇志清峻，
阮旨遙深」的評價看，劉勰對他們是肯定的。劉勰對應璩也是肯定
的。「辭譎」指其文辭變化奇異，一說「措辭婉轉」；「義貞」即義正。
所以對魏代，劉勰只對「始會家道家之言而韻之」的玄言詩的代表作
家何晏之徒表示不滿，不能說對魏之「通變」持否定態度。

對兩晉，劉勰以「輕綺」二字概括「晉世群才」的詩風，亦不能
說是持批判態度，「輕綺」即稍見綺麗。對西晉的代表作家，劉勰標舉
的是張（張載、張協、張亢兄弟三人）、潘（潘岳、潘尼叔侄二人）、
左（左思）、陸（陸機、陸雲兄弟二人），這是太康時代的代表作家，

鍾嶸稱其為「三張、二陸、兩潘、一左」（《詩品序》）。劉、鍾二家之看法大體一致。劉勰對晉代作家也是褒過於貶的。〈時序〉篇云：

然晉雖不文，人才實盛：茂先搖筆而散珠，太衝動墨而橫錦，岳湛曜聯璧之華，機云標二俊之采，應傅三張之徒，孫摯成公之屬，並結藻清英，流韻綺靡。前史以為運涉季世，人未盡才，誠哉斯談，可為嘆息。

這裡劉勰所評的「晉世群才」計十五人，即：張華（字茂先）、左思、潘岳、夏侯湛、陸機、陸雲、應貞（應璩之子，晉武帝在華林園宴射，應貞賦詩最美）、傅玄、傅咸、孫楚、摯虞、成公綏、張載、張協、張亢等。「散珠」與「橫錦」均指文采極美。「結藻清英，流韻綺靡」，評價還是比較高的。〈時序〉篇評東晉才俊云：

元皇中興，披文建學，劉刁禮吏而寵榮，景純文敏而優擢。逮明帝秉哲，雅好文會，升儲御極，孳孳講藝，練情於誥策，振采於辭賦；庾以筆才逾親，溫以文思益厚，揄揚風流，亦彼時之漢武也。及成康促齡，穆哀短祚；簡文勃興，淵乎清峻，微言精理，函滿玄席，淡思濃采，時灑文囿。至孝武不嗣，安恭已矣；其文史則有袁殷之曹，孫干之輩，雖才或淺深，珪璋足用。自中朝貴玄，江左稱盛，因談餘氣，流成文體。是以世極迍邅，而辭意夷泰，詩必柱下之旨歸，賦乃漆園之義疏。故知文變染乎世情，興廢繫乎時序，原始以要終，雖百世可知也。

此處論及東晉作家有十多位，還包括三位帝王的創作及文采。論

到的作家有郭璞（字景純）、劉魄、刁協、庾亮、溫嶠、袁宏、殷仲文、孫盛、干寶等，對他們都是肯定的，唯對東晉的玄言詩賦，頗露微詞。對其不滿，主要著眼於兩點：一是在國家危機之秋，玄言詩的作者不關心世事，寫一些平淡空洞的東西；二是他們的作品就像老莊哲學的講義，從「通變」的觀點看，已離開「通變」的正確軌道。在繼承與革新方面，劉勰肯定了魏晉文學繼承了前代的遺產，故言：「魏之策制，顧慕漢風；晉之辭章，瞻望魏采。」（〈通變〉）問題是出在「變」上，玄言詩文的「變」，是離開了正確的軌道的。

　　對宋代文學的通變，劉勰在〈通變〉篇中一言以蔽之曰：「宋初訛而新」。「訛」在這裡的意思，既非訛偽，亦非錯誤，而是指怪異、怪誕。「訛而新」就是怪異新奇。對於這種「新變」，劉勰是不滿的。他在〈定勢〉篇云：「自近代辭人，率好詭巧，原其為體，訛勢所變。厭黷舊式，故穿鑿取新，察其訛意，似難而實無他術也，反正而已。」、「詭巧」與「訛而新」義近。這段話可作「宋初訛而新」的註腳。范文瀾注〈定勢〉篇云：「〈通變〉篇曰『宋初訛而新』。齊梁承流，穿鑿益甚，如江淹《恨賦》『孤臣危涕，孽子墜心』。強改墜涕危心為『危涕墜心』，於辭不順，好奇之過也。」這種顛倒字句以求新奇的作風，劉勰稱作「反正」，「辭反正為奇」。劉勰並非反對新奇，正像范文瀾注所云：「彥和非謂文不當新奇，但須不失正理耳。」劉勰反對的是「訛而新」、「穿鑿取新」、「逐奇失正」，因為它們是違背「通變」之理，同時也是違背「執正馭奇」（〈定勢〉篇）的原則的。

　　再結合《文心雕龍》其他篇的論述，可知劉勰對宋代文學亦非全盤否定。〈明詩〉篇説：「宋物文詠，體有因革；莊老告退，而山水方滋。」這裡所説的「體有因革」是説在文體風格上有繼承亦有革新，宋代出現了山水詩，謝靈運是寫作山水詩的大家，劉勰多次批判過玄言

詩，但沒有批判過山水詩，山水詩取代了玄言詩，是詩歌發展的進步。〈時序〉篇談到宋、齊詩歌的發展，劉勰是這樣說的：

自宋武愛文，文帝彬雅；秉文之德，孝武多才，英采云構。自明帝以下，文理替矣。爾其縉紳之林，霞蔚而飆起：王袁聯宗以龍章，顏謝重葉以鳳采；何范張沈之徒，亦不可勝也。蓋聞之於世，故略舉大較。暨皇齊馭寶，運集休明。太祖以聖武膺籙，高祖以睿文纂業，

文帝以貳離含章，中宗以上哲興運：並文明自天，緝遐景祚。今聖歷方興，文思光被；海岳降神，才英秀髮；馭飛龍於天衢，駕騏驥於萬裡。經典禮章，跨周轢漢；唐虞之文，其鼎盛乎！鴻風懿采，短筆敢陳？揚言贊時，請寄明哲。

〈通變〉篇論「從質及訛」的變化，止於宋初。宋代以後，劉勰採取「自鄶以下無譏焉」（《左傳》〈襄公二十九年〉）的手法，從上下文看，劉勰會對齊梁以後之「新變」更加不滿，但從上引〈時序〉篇的兩段話可知，他對宋代文學的成就也說過不少好話。在評價齊代文學的概況時，劉勰還說過「今聖歷方興，文思光被；海岳降神，才英秀髮」等話，看來劉勰對宋以後文學的「新變」，雖有所不滿，但並非全盤否定，在很大程度上，他已接受了宋以後文學的「新變」。

〈通變〉篇說「從質及訛，彌近彌澹」，〈時序〉篇又對距劉勰最近的齊代文學及蕭齊歷代帝王說了如此多的好話，這不能不說是矛盾，這是違心之言還是說的真心話，很難遽然斷定。但從〈明詩〉篇看，他對宋齊詩歌的評價尺度還是一氣貫通的。劉勰因生於齊代，難免對皇齊有所美化，其中有些門面語，又有對當代文學思潮的認可。

劉勰的「通變」觀帶有折中色彩，與他思想中的矛盾是有密切關係的。
這是許多研究者所忽視的。

〈時序〉篇的贊語說：「蔚映十代，辭采九變。樞中所動，環流無
倦。」這幾句話很值得注意。「蔚映」，言文采映照。「十代」，指唐、
虞、夏、商、周、漢、魏、晉、宋、齊。一代有一代的文采，下
一代必變上一代的文采，故曰十代之中辭采九變。由於劉勰的發展觀
是周而復始的，他認為這就如同樞紐在轉動一樣，永遠不停地在循環
轉動，這就是劉勰心目中文學發展的循環圈，這與〈通變〉篇說的「文
律運周」義同，也具有同樣的侷限性。

在考察「通變」論產生的文化背景時，有的研究者指出：魏晉南
北朝多元化的政治經濟帶來了多元化的文化藝術，在文學領域重獨
創、重新奇的觀念已成為時代的主潮。齊梁文學沿著靡麗工巧、放蕩
的路徑迭出「新變」，這加劇了一些深受風騷傳統影響的批評家的不安
與不滿，便轉而進行嚴肅的理性思考。劉勰的文學「通變」觀就是適
應著這個時代的呼喚而產生的。這種看法有可取之處，但似乎還不全
面，他沒有看到劉勰受時代新潮影響的一面。劉勰的「通變」觀，不
可否認有補「新變」之偏、救時俗之弊的一面，不承認這一點，劉勰
要求「矯訛翻淺，還宗經誥」與反對「競今疏古」就不可理解；但對
齊梁文學的新思潮，劉勰半是不滿半是接受了，不然在進行「通變」
時何以要「望今制奇」和「酌取新聲」呢？

第三節　劉勰的「通變」論與《文心雕龍》理論體系的關係

「通變」論是貫穿《文心雕龍》全書的一個基本美學思想，研究劉
勰的「通變」論不能侷限於〈通變〉篇。張少康先生在《文心雕龍新探》

一書中曾經指出：

《文心雕龍》的前五篇是論文學的總綱，而其中一個重要思想，或者說從通和變的角度來說，是要闡明通的基本內容和變的基本原則。〈原道〉、〈征聖〉、〈宗經〉三篇講的正是通的基本內容，而〈辨騷〉、〈正緯〉則是從正反兩方面來說明變的基本原則。

這樣就把劉勰的「文之樞紐」與「通變」連繫起來，所言有理。

「道」與「聖」的關係，是「道沿聖以垂文，聖因文以明道。」（〈原道〉）又說「旁通而無滯，日用而不匱」（〈原道〉），這實際上與〈通變〉篇所說的「變則可久，通則不乏」是同義語。「旁通」之「通」與「通變」之「通」義近，但內涵無後者豐富。〈征聖〉篇說：「故知繁略殊形，隱顯異術，抑引隨時，變通會適，征之周孔，則文有師矣。」、「變通會適」在〈通變〉篇衍為「憑情以會通，負氣以適變」兩句。「征之周孔，則文有師矣」，強調的是繼承儒家經典，但繼承的目的是寫好文章，也就是說，繼承的目的是創新，而創新是在繼承的前提下進行的，這樣，「征聖」與「宗經」便與「通變」溝通起來。〈宗經〉篇說「是以楚豔漢侈」，即〈通變〉篇所言「楚漢侈而豔」，所謂「楚豔漢侈」的流弊，即〈通變〉所云「魏晉淺而綺，宋初訛而新」。近代是「舍本追末」的，而「競今疏古」之風是「離本彌甚」，故〈宗經〉提出「正末歸本」，這與〈通變〉篇提出的「矯訛翻淺，還宗經誥」又是一脈相承的。

《文心雕龍》〈序志〉篇說：「蓋《文心》之作也，本乎道，師乎聖，體乎經，酌乎緯，變乎騷，文之樞紐，亦云極也。」這就是《文心雕龍》理論體系的總綱。篇名稱〈辨騷〉，〈序志〉稱「變乎騷」，實際

上「辨」與「變」在古代是通用的。《莊子》〈齊遙游〉説:「若夫乘天地之正而御六氣之辯以游無窮者,彼且惡乎待哉?」郭慶藩《莊子集解》云:「辯與正對文,辯讀為變。《廣雅》:『辯,變也。』辯、變古通用。」又「辯」通「辨」,許學夷的《詩源辯體》,是講詩歌辨體批評的,「辯體」即「辨體」,所以「辨騷」即「變騷」。

　　從「風雅正變」的觀點來看,《離騷》是《詩》之「變」,前人多有指出者。許學夷《詩源辯體》引《滄浪詩話》並加按語説:

　　嚴滄浪云:「〈風〉、〈雅〉、〈頌〉既亡,一變而為《離騷》,(屈宋《楚辭總名》)再變而為西漢五言。」愚按:《三百篇》正流而為漢魏諸詩,(詳見下卷)別出而乃為《騷》耳。(卷二)《離騷》的「變」是否符合劉勰的「通變」觀呢?不僅符合,而且是「通變」的典範。劉勰反對的是「競今疏古,風昧氣衰」(〈通變〉)的「變」,是「逐奇而失正」(〈定勢〉)的「變」,所贊成的是在「通」的基礎上的「變」,是「執正而馭奇」(〈定勢〉)的「變」,是在繼承前代文學創作傳統基礎上的「變」。在詩歌領域,《詩經》是被尊為經典的,「經也者,恆久之至道,不刊之鴻教也。」它是不可改易的,是只能「通」不能「變」的「有常之體。」《詩經》一變而為楚騷,到底變得如何呢?這一問題在漢代就有爭論。劉勰從漢人的兩種不同意見中,糾正了他們各自的片面性,正確地闡明了《離騷》並沒有違背經典的基本寫作原則,而是運用「通變」原則創作出來的優秀作品,雖然《離騷》有「異乎經典」的四個方面,但他仍然認為《離騷》是後代「通變」的典範。在指出《離騷》「同乎經典」和「異乎經典」的四事之後,劉勰指出:

　　故論其典誥則如彼，語其誇誕則如此。固知《楚辭》者，體憲於三代，而風雜於戰國；乃雅頌之博徒，而詞賦之英傑也。觀其骨鯁所樹，肌膚所附，雖取熔經意，亦自鑄偉辭。……故能氣往轢古，辭來切今，驚采絕豔，難與並能矣。（〈辨騷〉）

　　後文又說：「是以枚賈追風以入麗，馬揚沿波而得奇，其衣被詞人，非一代也。」（〈辨騷〉）如不是「通變」的典範，焉能沾溉一代代的詞人呢？以經典為「通」，以《離騷》為「變」，劉勰概括出來「通變」的基本原則：「若能憑軾以倚雅頌，懸轡以馭楚篇，酌奇而不失其貞，玩華而不墜其實，則顧盼可以驅辭力，欬唾可以窮文致。」（〈辨騷〉）這種「通變」的準則也體現了劉勰的美學理想。

　　《楚辭》是「通變」的典範，而緯書是「通變」的反面典型，張少康先生最早提出這一論斷。他認為：「緯書和《楚辭》雖然都是『經』之變，然而，緯書變的結果是以虛假代替真實，『乖道謬典，亦已甚矣。』因此是不能提倡的。劉勰在〈正緯〉篇中指出緯書本來是應當『配經』的，然而實際上它們卻大都是偽造之作。……為此，劉勰認為緯書之內容是荒誕虛妄而不可信的，他曾引用前人對緯書的批評，指出其『虛偽』、『浮假』、『僻謬』、『詭誕』，拋棄了聖人經典的傳統，因此這種變是不值得肯定的。不過，劉勰認為緯書中的某些次要方面也是存在可取之處的，他指出緯書在『事豐奇偉，辭富膏腴』方面，雖『無益經典，而有助文章』，而且可供『後來辭人，採摭英華』，也還起過一定的積極作用。」[6]

　　張少康先生提出的這一新見，是否符合劉勰寫〈正緯〉篇的旨意，

6　《文心雕龍新探》，齊魯書社1987年版，第145頁。

我以為尚可研究和討論。劉永濟先生《文心雕龍校釋》在《文心雕龍》前五篇釋義之末，有一段總述前五篇寫作宗旨及相互關係的話，説得頗為中肯，茲引錄於下：

　　舍人自序，此五篇為文之樞紐。五篇之中，前三篇揭示論文要旨，於義屬正。後二篇抉擇真偽同異，於義為負。負者箴貶時俗，是曰破他。正者建立自説，是曰立己。而五篇義脈，仍相流貫。蓋〈正緯〉者，恐其誣聖而亂經也。誣聖，則聖有不可征；亂經，則經有不可宗。二者足以傷道，故必明證其真偽，即所以翼聖而尊經也。〈辨騷〉者，騷辭接軌風雅，追跡經典。則亦師聖宗經之文也。然而後世浮詭之作，常托依之矣。浮詭足以違道，故必嚴辨其同異；同異辨，則屈賦之長與後世文家之短，不難自明。然則此篇之作，實有正本清源之功。其於翼聖尊經之旨，仍成一貫。而與〈明詩〉以下各篇，立意迥別。

　　緯書往往「以讖為緯，淆亂經文」（黃侃《文心雕龍札禮》）。為了防止緯書的「誣聖亂經」，為「征聖」、「宗經」掃清障礙，同時也是為了羽翼乎聖而尊宗於經，就必須把緯書的真偽問題弄清，辨緯書之失，證緯書之偽，是〈正緯〉的寫作宗旨。我以為〈正緯〉的核心問題是辨真偽，以解決上述問題，似乎還談不上作「通變」的反面典型，充其量緯書不過是一種訛變，或者説是訛妄。但劉永濟把《文心雕龍》作為「樞紐」部分的前五篇認為是三正二負，亦有些不妥。「真偽」與「同異」性質是不同的。劉永濟也承認《離騷》是「接軌風雅，追跡經典」的，是「師聖宗經之文」，這就與緯書不可同日而語了，《離騷》可作為「通變」的典範，不是劉勰心目中要「破」的對象，〈正緯〉才

真正是「破」的對象。三正二負，應改為三正一變一負。這是一點不足，其他方面其「釋義」的論述是正確的，看出五篇的意脈相貫，不把〈辨騷〉當作文體論看待，其看法是可取的。

　　劉勰的「宗經」思想與「通變」論在《文心雕龍》的理論體系中到底是什麼關係，學術界尚有不同的看法。一種觀點認為，劉勰的「宗經」思想是他的文論體系中保守復古一面的體現，反映了他對儒家經典的過分推崇，這與他的「通變」思想是有矛盾的。另一種意見認為，「宗經」是為了把文章寫好，「文能宗經，則體有六義」，是說「宗經」能給文章帶來六種好處。「宗經」貫穿著「通變」精神，並具有繼承優良傳統的意義。有的同志甚至提出，從某種意義上說，「宗經」就是「通變」，「宗經」源出於「通變」。所以他儘管標榜「宗經」，實在只是一種手段。其「通變」理論的積極面可以甚至是完全突破了「宗經」的思想牢籠。

　　我認為〈征聖〉、〈宗經〉中含有「通變」的思想因素，「宗經」與「通變」基本上沒有矛盾，〈通變〉中也含有「宗經」的成分，「還宗經誥」即其例證，但「通變」不僅僅是「宗經」所能涵蓋的，它還有「望今制奇」、「酌取新聲」的一面，在這一點上不能說二者毫無矛盾，「差別就是矛盾」（毛澤東《矛盾論》）。「宗經」不能說就是「通變」，也不能說「源於『通變』」。「宗經」有保守的傾向是不可否認的，「通變」確實突破了「宗經」思想的侷限。這與劉勰的「唯務折衷」有關。劉勰在論文時，既要求符合儒家的正道，又要求文學要有美麗的文采。有的研究者指出：「劉勰對一切文學觀點、文學現象的評價都離不開這個根本的看法，這是他進行『折衷』時的去取的根本標準。由於劉勰要求文學必須符合儒家的正道，這就使他的『折衷』帶有相當濃厚的保守性。但與此同時，劉勰自己又在竭力打破這種保守性。這

是一種複雜有趣的現象。不認識這一點，是很難正確瞭解劉勰的美學思想的。」[7]這個分析頗為精到，用以說明「宗經」與「通變」的關係是比較合適的。

第四節　劉勰論「通變」的對象

「通變」的對象指構成文學作品諸要素的哪些方面要進行「通變」，對「通變」這一範疇內涵的理解不同，對「通變」對象的理解也隨之而異。〈通變〉篇云：「文辭氣力，通變則久。」這就是說，文章的「文辭氣力」是必須「通變」的，只有經過「通變」，文學作品才能流傳久遠，這是「通變」的功用，也是「通變」的對象之一。有人認為：「『文辭氣力』，是『通變』的對象，所謂『通變』，是對『文辭氣力』的『通變』。」[8]我認為，把「通變」的對象僅限於「文辭氣力」，是值得商榷的。

對「文辭氣力」的解釋，目前還存在種種分歧。一種意見認為，「文辭氣力」是「文辭」的「氣力」，「文辭」是修飾「氣力」的定語，因此「文辭氣力」指文辭的氣勢和力度，是屬於形式技巧方面。另一種意見認為，「文辭」與「氣力」是並列的兩個詞組，「文辭」就是「藻采」，「氣力」就是「風骨」的別稱。這樣「文辭氣力」就不僅僅是形式技巧了，而應包括內容與形式兩個方面。兩種說法，何者符合劉勰的原意，遽難斷定。但有一點是可以肯定的，「通變」應包括內容與形式兩個方面，「通變」的對象不僅僅是「文辭氣力」。要弄清這個問題，

7　李澤厚、劉綱紀：《中國美學史》第二卷下冊，中國社會科學出版社1987年版，第612頁。

8　寇效信：《文心雕龍美學範疇研究》，陝西人民出版社1997年版，第199頁。

還應連繫《文心雕龍》其他各篇有關「通變」的論述，來進行綜合的
考察。

　　我們既已肯定「通變」是繼承與革新的統一，那麼「通變」的對
象即可分為「通」的對象與「變」的對象。劉勰的理論體系，「原道」、
「征聖」、「宗經」占有頗為重要的地位，他所要繼承的首先是儒家之道
與自然之道，是聖人的文辭與儒家經典。學習經典的「志足而言文，
情信而辭巧」以及「文成規矩，思合符契；或簡言以達旨，或博文以
該情」（〈征聖〉）等等。劉勰認為，經典值得繼承學習的東西太多了，
「體要與微辭偕通，正言共精義並用」以及「聖文之雅麗」，「銜華而佩
實」（〈征聖〉）等等，哪一樣不值得學習、繼承？在〈宗經〉篇中，
劉勰認為經典的根底是非常深厚的，表現出「枝葉峻茂」的態勢，它
具有「辭約而旨豐，事近而喻遠」的長處，永遠是取之不盡、用之不
竭的源泉，雖然歷時已久，前賢用不完，後人學習也為時未晚。所以
他說：「是以往者雖舊，餘味日新，後進追取而非晚，前修久用而未
先，可謂太山遍雨，河潤千里者也。」明乎此，也就可以知道，劉勰為
什麼在〈通變〉篇提出「矯訛翻淺，還宗經誥」了。以上這些，都是
「通」的對象。

　　「通」的對象主要是儒家經典和聖人文辭，它包括內容與形式兩個
方面，也包括各類文章的「有常之體」與寫作的基本原則。「變」的對
象，也不僅僅是「文辭氣力」，也包括內容與形式兩個方面。〈風骨〉
篇說：

　　若夫熔鑄經典之範，翔集子史之術，洞曉情變，曲昭文體，然後
能孚甲新意，雕畫奇辭。昭體故意新而不亂，曉變故辭奇而不黷。若
骨采未圓，風辭未練，而跨略舊規，馳騖新作，雖獲巧意，危敗亦

多，豈空結奇字，紕繆而成經矣？

　　這段話對理解「變」的對象，以及如何「變」都很有幫助。在進行「變」之前，首先要做好「變」的準備，即先要廣泛地學習、繼承、借鑑，也就是先要「通」。既要學習經書的典範，同時也要參考子書和史書的寫作，這比〈徵聖〉、〈宗經〉的視野闊大，由經而及於子、史，劉勰又一次突破了「宗經」觀的保守性，又一次超越了自我。同時把「通」的對象擴大了。不僅如此，他還要求要深知文學創作的發展變化情況，詳悉各種文章的體式。這是「通」的第二個環節，它標誌著「變」前的準備工作已經就緒。然後便「孚甲新意」與「雕畫奇辭」，兼及「意」與「辭」兩個方面，這表明「變」的對象是內容與形式兩個方面。下文又從正反兩個方面說明「變」的成功與失敗。「昭體故意新而不亂，曉變故辭奇而不黷」，是說清楚了各種文章的體式，就能使文意新穎而不紊亂，懂得了創作的變化，就能使文辭奇特而無瑕疵。這種「變」是成功的；反之，如果「骨采未圓，風辭未練」，即在「風骨」方面未達要求，而就「跨略舊規，馳騖新作」，雖然能獲得一些巧意，也會危敗甚多，這種「變」是失敗的。由此可見「意新」、「辭奇」都是「變」的對象。所以「通變」的對象，是比較廣泛的。

第五節　劉勰論「通變」的任務與目的

　　「通變」的任務，有關研究者較少論及，獨寇效信《文心雕龍美學范疇研究》列為專節進行了論述。他認為「通變」的任務是「斟酌乎質文之間」，是否如此，尚值得研究。

　　任務，指擔負的責任，或指所要完成的交派工作。又任務與目的

是緊密連繫在一起的，如社會主義建設的任務，是發展生產，實現四個現代化。實現四個現代化的目的，也可以説任務。實現四個現代化的最終目的，是提高全國人民的生活水平。對後者來説，實現四個現代化也可以説是歷史賦予我們的使命，是一項艱巨而複雜的任務。

上文已經指出，劉勰的「通變」論，有補時俗之偏，救「新變」之弊的意旨，那麼補偏救弊，就是「通變」的當務之急，也即是「通變」的首要任務。如何補偏救弊呢？劉勰提出：「矯訛翻淺，還宗經誥。」（〈通變〉篇）這是針對「宋初訛而新」而發的。因此「通變」的任務，首先是「矯訛翻淺」，以糾正「競今疏古」和「近附以遠疏」的弊病。

至於「斟酌乎質文之間，而櫽括乎雅俗之際，可與言通變矣」，前兩句應看作「通變」的方法。這幾句意思是説，能在質文之間細加斟酌思考，在典雅與淺俗之際控引得當，方可説他懂得通變了。這種方法實際上是折中方法，即在質樸與文采之間折中，使得質文相稱，在典雅與淺俗之間進行折中，使得雅俗共賞，才算懂得「通變」。如果僅僅用「還宗經誥」的方法，來完成「矯訛翻淺」的任務，可能會走向復古，但劉勰的「通變」並非復古，緊接這兩句之後，提出在「質文之間」與「雅俗之際」進行折中，以「通變」之法示人，也就與復古劃清了界限，在這裡劉勰又一次突破了「宗經」的侷限。

〈風骨〉篇所説的「若夫熔鑄經典之範，翔集子史之術，洞曉情變，曲昭文體，然後能孚甲新意，雕畫奇辭」，應視作「通變」的任務。前四句是「通」的任務，後兩句是「變」的任務。「變」的任務是在完成「通」的任務之後，即在「通」的基礎上進行的。劉勰唯恐「變」過了頭，後文又提出「意新而不亂，辭奇而不黷」的問題。這實際上是對「通變」的任務進行規範。

完成任務，是為了達到一種目的。劉勰不是為「通變」而通變。「通變」是為了使文學沿著正確的軌道發展，是為了使文學能夠「騁無窮之路，飲不竭之源」（〈通變〉篇）。所謂「文辭氣力，通變則久」、「變則其久，通則不乏」（〈通變〉篇）等等，都是「通變」的目的，只有「通變」，才能使文學永葆發展前進的活力，才能「日新其業」（〈通變〉篇）。總之，「通變」的目的是使文學獲得長久的發展而永不感到匱乏，而且是日新月異地向前發展。「憑情以會通，負氣以適變」（〈通變〉篇）所要達到的美學效果，則是「采如宛虹之奮鬐，光若長離之振翼」（〈通變〉篇）。也就是説，理想的「通變」，文采如同彎曲的彩虹的拱背，光芒好像五彩的鳳凰振翅而飛。多麼美啊！「通變」是劉勰美學理想之寄託，他用形象的比喻，對它進行了熱情的禮讚。反之，如果不善於「通變」，不進行「通變」，「齷齪於偏解，矜激於一致（指一得之見），此庭間之回驟，豈萬里之逸步哉？」（〈通變〉篇）後兩句的意思是説，在庭院中來回兜圈子，即便是良馬又哪能馳騁萬里呢？

第六節　劉勰論「通變」的方法

〈通變〉篇有一段舉漢代五位賦家誇張描寫自然景色「循環相因」的例證：

夫誇張聲貌，則漢初已極。自茲厥後，循環相因；雖軒翥出轍，而終入籠內。枚乘《七發》云：「通望兮東海，虹洞兮蒼天。」相如《上林》云：「視之無端，察之無涯；日出東沼，入乎西陂。」馬融《廣成》云：「天地虹洞，固無端涯；大明出東，入乎西陂。」揚雄《校獵》云：

「出入日月，天與地沓。」張衡《西京》云：「日月於是乎出入，象扶桑與濛汜。」此並廣寓極狀，而五家如一。諸如此類，若不相循；參伍因革，變通之數也。

　　對這一段的理解，分歧頗多。黃侃云：「明古有善作，雖工變者不能越其範圍。」[9]范文瀾説：「彥和雖舉此五家為例，然非教人屋下架屋，模擬取笑也。」[10]劉永濟説：「至舉後世文例相循者五家，正示人以通變之術，非教人模擬古人之文也。」[11]詹鍈認為，舉五家之例有些舉例不當，這些描寫「變化不是大的」，「並沒有把創造的因素顯示出來」[12]。牟世金認為：「劉勰舉枚乘等人的五例，是用以説明『競今疏古』的惡果……所以，劉勰舉這五例，是對『競今疏古』的批判，根本不存在是否示人以法的問題。在講這五例之前，劉勰已先予指出：『夫誇張聲貌，則漢初已極，自茲厥後，循環相因；雖軒翥出轍，而終入籠內。』這分明是對漢初以來『誇張聲貌』的批判，所舉五例正是批判的對象；再連繫上文反對『近附而遠疏』的用意，問題就更清楚了。明乎此，我們可以斷定後面所説『諸如此類，莫不相循』，也是對『五家如一』的批判。最後一段才是講『通變之術』的，所以，『參伍因革，通變之數也』，應該是最後一段的領句。」[13]所以在分段上，他與范文瀾不同。寇效信認為：「『誇張聲貌』的五例，不能看作劉勰對『競今疏古』的批判，而是正面例證，那麼，『參伍因革，通變之數也』，

9　黃侃：《文心雕龍札記》，第102頁。

10　范文瀾：《文心雕龍注》，第527頁。

11　劉永濟：《文心雕龍校釋》，第111頁。

12　詹鍈：《劉勰與文心雕龍》，中華書局1980年版，第68頁。

13　陸侃如、牟世金：《文心雕龍譯註》引論，齊魯書社1981年版，第85頁。

就是從中引出的結論，理應看作本段的結句，而不能看作下段的領句。」[14]眾說紛紜，莫衷一是。

我認為，劉勰所舉「五家如一」的例子，用後代文論家和我們今天的詞語說是「化用」，而不能視作抄襲模擬。「化用」即變化而用之，雖非自出機杼地創造，但還是有所變化的，作反面例證看是過分了一點，確實有「示人以變化之術」的味道，這是語言方面的「資於故實」。雖非理想的「通變」，但也初步符合「通變」的原則，至少可以說是「通變」的小技。〈通變〉篇用來概括「通變」方法的術語有兩個，一個是「通變之數」，一個是「通變之術」。對於這二者的區別，向來無人注意。為了辨明二者的區別，我們有必要把「數」的含義弄清。

所謂「參伍因革，通變之數也」，本乎《易》〈繫辭上〉：「參伍以變，錯綜其數，通其變，遂成天下之文。」孔穎達疏：「參，三也；伍，五也。或三或五，以相參合，以相改變，明舉三五，諸數皆然也。」劉勰此處的「參伍」指錯綜變化。「因革」，本是哲學範疇，即繼承與革新的對立統一。揚雄《太玄》云：「夫道有因有循，有革有化。因而循之，與道神之；革而化之，與時宜之。故因而能革，天道乃得；革而能因，天道乃馴。」《法言》〈問道〉又說：「可則因，否則革。」劉勰的「因革」與此是有連繫的，它與「通變」語不同而義近。「通變之數」的「數」與「數字」、「數量」無關，也與三、五無關，是術數，與「方法」義近。但「數」除作為「方法」解釋以外，還含有小技的意思。如《孟子》〈告子上〉云：「夫弈之為數，小數也。」趙岐註：「數，技也。」《淮南子》〈原道訓〉：「夫臨江而釣，曠日而不能盈羅，雖有鉤箴芒距，微綸芳餌，加之以詹何、娟嬛之數，猶不能

14　寇效信：《文心雕龍美學範疇研究》第213頁。

與網罟爭得也。」高誘註：「數，術也。」這兩處的「數」，均指技術、技巧。後者言施小技，即便工具再好，技巧再精，也不會有大收穫。我們再考察一下劉勰其他地方「數」的用法與內涵，則知「通變之數」乃「通變」之小者。〈總術〉篇云：

> 是以執術馭篇，似善弈之窮數；棄術任心，如博塞之邀遇。……若夫善弈之文，則術有恆數，按部整伍，以待情會，因時順機，動不失正。數逢其極，機入其巧，則義味騰躍而生，辭義叢雜而至。

劉勰將「執術馭篇」比作善於下棋的人要儘力講究技巧。「窮數」，即窮盡技巧。後文的「數逢其極」之「數」，也是指技巧，這句的意見是說技巧達到極點。劉勰用這個比喻，顯然受到《孟子》「弈之為數，小數也」的啟發，因此，「通變之數」，可以理解為「通變」的技巧。〈通變〉篇舉漢代五家為例，不應算作反面例證與批判對象，應視作基本上是正面例證，是「通變」中的小變，或稱為初級的「通變」。「誇張聲貌」亦並非貶義。〈誇飾〉篇云：「自天地以降，豫入聲貌，文辭所被，誇飾恆存。」只要「誇而有節，飾而不誣」，劉勰並不反對。但五家的小變，因循多，創新少，並非劉勰理想的「通變」，「五家如一」的描寫，劉勰並不完全滿意，說它微露貶義，亦未嘗不可。但總的說來，「參伍因革」兩句的確是總結上文。

劉勰對漢代五位賦家的自然景色描寫，雖然認為有因有革，但並不太滿意，我們還可在〈物色〉篇找到例證。〈物色〉篇云：

> 古來辭人，異代接武，莫不參伍以相變，因革以為功，物色盡而情有餘者，曉會通也。

　　對於「物色」的描寫，劉勰的要求是頗高的，僅僅「參伍因革」還不夠，還需達到「物色盡而情有餘」的境界，「五家如一」的描寫，似乎還未達到這種境界，因此不是最佳的「通變」。

　　在〈通變〉篇中，劉勰除使用過「通變之數」外，還用過「通變之術」。他說：「名理有常，體必資於故實；通變無方，數必酌於新聲。故能騁無窮之路，飲不竭之源。然綆短者銜渴，足疲者輟塗，非文理之數盡，乃通變之術疏耳。」范文瀾注云：「而通變之術，要在『資故實，酌新聲』兩語，缺一則疏矣。」[15]這裡的「術」，才真正是「通變」的方法。「資故實」指借鑑過去的作品，「酌新聲」指參考新的作品，兩者的結合，就是「通變」的基本方法。這是符合劉勰美學理想的「通變」，它高於從漢賦五家之例而概括出來的「通變之數」，如果說「通變之數」是小變方法的話，「通變之術」就是大變的方法了。

　　劉勰認為「通變」是「無方」的，「無方」對「有常」而言，事物千變萬化，革新離不開創造，人的變化能力與創造力是無限的，因此，「通變」也是無限的，這說明劉勰對「通變」的認識相當深刻，它不是凝固性的，不是封閉的，具有開放性和靈活性，千變萬化，多姿多彩。因此「通變」的方法也是多方的，雖然「資故實」與「酌新聲」可以稱作「通變」的「要語」與基本方法，但它僅僅是多種方法的代表。我以為，劉勰在〈通變〉篇中，還提出了「通變」方法的系列，除了上述的兩種方法之外，「斟酌乎質文之間，而櫽括乎雅俗之際」，「望今制奇，參古定法」等等，皆為「通變」的方法。由此可以看出，「通變之術」的特點是在質樸與文采之間折中，在典雅與淺俗之間折中，在古與今之間折中，這正是劉勰的基本方法論，合乎劉勰所說的

15　范文瀾：《文心雕龍注》，第522頁。

「擘肌分理，唯務折衷」（〈序志〉篇）。

此外，〈通變〉篇中還有一個「通變」方法與步驟的系列：

> 是以規略文統，宜宏大體。先博覽以精閱，總綱紀而攝契；然後拓衢路，置關鍵，長轡遠馭，從容按節。憑情以會通，負氣以適變；……乃穎脫之文矣。

也就是說，在進行「通變」的時候，要考慮好寫作綱領，應掌握好主要的東西，首先要廣泛地閱讀歷代佳作，抓住其中的要領，然後開拓自己的寫作路子，注意設置作品的關鍵，放長韁繩，馭馬遠行，安閒而有節奏地進行。憑藉自己的感情來繼承前人的佳作，依據自己的氣質來適應革新。這樣才能寫出出類拔萃的文章。這是示人以「通變」之法，也把「通變」的步驟敘述得十分具體。

第七節　劉勰「通變」論的美學意義

我們在「通變」一詞的來源部分（見本編第一章）已經指出，「通變」出自《易》〈繫辭〉。劉勰把它引入文論中，把《易傳》中多數不含矛盾對立統一的「通變」，通過概念的轉換，把它改造為繼承與革新的對立統一。雖然經過劉勰的改造，但其美學思想仍與《易傳》一脈相承。

《周易》認為，整個世界是以「一陰一陽」為始基的一個相反相成的有機統一體，而且認為，只有在互相對立的雙方處在貫通、聯結、平衡、統一的情況下，事物才有可能得到順利的發展。對立面的和諧統一才能產生審美的愉悅，這與先秦時期儒家提出的「和」產生美是

一致的。

　　《周易》認為，整個世界是在「陰」、「陽」這兩種相反的力量的互相作用下不斷運動、變化、生成、更新的。《易》〈繫辭上〉說：剛柔相推而生變化。而整個自然和人類社會只有在變化中才能存在和發展。就自然來說：「日月相推而明生焉」，「寒暑相推而歲成焉。」（《易》〈繫辭下〉）就人事來說，「通變之謂事」（《易》〈繫辭上〉），「功業見乎變」（《易》〈繫辭下〉），「通其變使民不倦，神而化之，使民宜之。易窮則變，變則通，通則久，是以自天祐之，吉無不利」（《易》〈繫辭下〉）。所以《周易》認為「天地變化，聖人效之」，「日新之謂盛德，生生之謂易」（《易》〈繫辭上〉）。總而言之，人類應當傚法自然，在變化中不斷求得生存和發展，建功立業。

　　《周易》這種認為整個世界只能在運動變化中存在和發展的運動觀，正是中國美學一向高度重視氣勢、力量、運動、韻律的美的哲理基石。世界是存在於生生不息的運動變化之中的，世界的美也要在生生不息的運動變化之中表現出來。沒有和諧就不會有美，沒有運動就沒有和諧。[16]

　　劉勰「通變」論的美學思想，其理論基礎主要是《周易》。劉勰認為，文學是隨著時代不斷發展變化的。他看到了「從質及訛」的變化並對此有所不滿；他看到了影響文學發展的許多對立的因素：古與今的對立，質與文的對立，奇與正的對立，雅與俗的對立。如何使這些對立的因素協調，求得和諧之美，他找到了「通變」。在古今對立的關係上，他採取「參古定法」與「望今制奇」的辦法。劉勰既欣賞質樸的美，又欣賞文采的華美，為求得兩者的和諧，達到質文相稱，他提

16　此處採用了李澤厚、劉綱紀《中國美學史》的說法。

出「斟酌乎質文之間」。典雅的風格是他所欣賞的，因為它是「熔式經
誥，方軌儒門」的風格。但風格是多種多樣的，文苑中的單一風格看
不到波譎雲詭的多彩風姿，他具有不「偏執於一隅」的審美觀，所以
他又提出「酈括於雅俗之際」。奇與正雖然對立但他並不崇正廢奇，努
力使奇正和諧，他提出「執正馭奇」，反對的是「逐奇而失正」。他在
尋找對立因素的和諧統一的美感時，使用了「唯務折衷」的方法。在
劉勰的思想中，折中已不是單純的方法論的問題而具有「中和」之美
的內涵。折中是劉勰美學思想的一大特色，劉勰「通變」論的美學意
義也表現在這裡。

　　中國的傳統美學重視運動之美、變化之美以及力度之美，這在劉
勰的「通變」論中，亦有明顯的表現。

第八節　劉勰「通變」論的侷限

　　對於劉勰「通變」論的侷限，研究者多有指出，綜而論之，大約
有以下幾點：

　　其一，認為「通變」思想的聯貫性和邏輯上的一致性，與把儒家
經典當作頂峰的宗經思想是矛盾的，「這一矛盾，是劉勰樸素的文學進
化思想與僵死的儒家正統思想之間矛盾的反映」。[17]

　　其二，認為「文律運周」與「日新其業」是相對立的，前者反映
了劉勰文學史觀的侷限性。「他所瞭解的『通變』規律是周而復始、循
環往返的，『文律運周』就含有這個意思。」[18]「文學歷史循環論才的

17　寇效信：《文心雕龍美學範疇研究》第208-209頁。
18　鍾子翱等：《劉勰論寫作之道》，長征出版社1984年版。

確是劉勰通變理論中消極一面的要言，那就是〈通變〉贊中『文律運周』……而這種循環往復的『文律運周』思想與『日新其業』論旨，是劉勰通變理論中同時並立卻又背道而馳的兩種觀點。」[19]

對於第一種觀點，我認為那是劉勰「宗經」思想的侷限，而並非「通變」論的侷限。前已指出，劉勰的「通變」論，已突破了「宗經」的侷限。

對於第二種觀點，他們指出的侷限的確存在。但應當如何看待「文律運周」呢？這種思想與《周易》的天道自然觀和樸素辯證法有關，《周易》將四時的變化與人事的變化連繫在一起，日月的運動，四時的變化是周而復始的，劉勰將天道自然的這一運動規律引入文論中，認為文學的發展變化也是周而復始的，存在一個循環圈，樸素辯證法的發展觀，擺脫不了形而上學的影響，不懂得馬列主義哲學的否定之否定的規律，對於歷史文化的發展是沿著螺旋形的階梯上升這一點，劉勰還不可能理解，「文律運周」的侷限，在馬列主義產生前所有人都未解決，對此，我們不能苛求劉勰。

19　滕福海：《「通變」理論和〈文心雕龍〉的理論體系》，《文心雕龍學刊》第五輯。

第三章

隋唐宋文論家的「以復古為通變」

　　清代學者紀昀在《文心雕龍》〈通變〉篇的評語中説:「蓋當代之新聲,既無非濫調,則古人之舊式,轉屬新聲。復古而名為通變,蓋以此耳。」我們雖然不同意紀昀的看法,但「以復古為通變」的現象,在中國文學批評史上確實存在,尤其是唐宋古文運動,「以復古為通變」的傾向較為明顯,不管他們用不用這個範疇,其實質是如此。以「通變」的觀點來審視文論家的復古,大約有三種情況:其一是不含「通變」內涵的復古,其二是「以復古為通變」,其三是以復古為革新。這三種形態在隋唐均有所表現,以下將分節簡述之。

第一節　蘇綽與李諤的復古──不含「通變」的復古

　　在南北朝對峙的齊梁陳時代,由於南北經濟文化發展的不平衡及審美趣尚的不同,南北文風頗為不同,魏徵《隋書》〈文學傳序〉説:

江左宮商發越，貴於清綺；河朔詞義貞剛，重於氣質。氣質則理勝其詞，清綺則文勝其意。理深者便於時用，文華者宜於歌詠。

「江左」指南朝，「河朔」指北朝。此段話說明了當時南北文風的不同，一般說來，北方重質樸，南方重華靡。但北朝不少文人是學南朝華靡文風的。為了遏制南朝文風在北朝的蔓延，北周的權臣宇文泰和尚書蘇綽（498-546）曾企圖力矯南朝華靡的文風，提出復古的主張。《北史》〈柳慶傳〉說：

大統十年（545），（柳慶）除尚書都兵郎中，並領記室。時北雍州獻白鹿，群臣欲賀。尚書蘇綽謂慶曰：「近代已來，文章華靡。逮於江左，彌復輕薄。洛陽後進，祖述未已。相公（指宇文泰）柄人軌物，君職典文房，宜制此表，以革前弊。」

「洛陽後進」指北魏孝文帝遷都洛陽以後出現的諸文士，如溫子升、邢邵、魏收等。蘇綽認為他們為文是學南朝的，對他們頗為不滿，故告誡柳慶製表時「以革前弊」。前弊指華靡的文風，他革除華靡的文風是得到宇文泰支持的。《北史》〈蘇綽傳〉說：

自有晉之季，文章競為浮華，遂以成俗。周文（指宇文泰）欲革前弊，……乃命綽為〈大誥〉，奏行之。……自是之後，文筆皆依此體。

〈大誥〉是模仿《尚書》的，這可謂「還宗經誥」了。但因其矯枉過正，不隨時適變，很快便宣告失敗，北朝的華豔文風，反而更加流

行。這說明復古而不知「通變」是行不通的，正像《周書》〈王褒庾信傳論〉所說：「然綽建言務存質樸，遂糠粃魏晉，憲章虞夏，屬詞雖有師古之美，矯枉非適時之用，故莫能常行焉。」

隋代的李諤，是又一個偏激的復古主義者。他在《上隋高帝革文華書》中，只要文學的政治教化功能，全盤否定文學的審美功能，把從曹操父子以來的文學由質樸向華麗的變化，一概加以否定。他說：

臣聞古先哲王之化民也，必變其視聽，防其嗜欲，塞其邪放之心，示以淳和之路。……降及後代，風教漸落。魏之三祖，更尚文詞，忽君子之大道，好雕蟲之小藝。下之從上，有同影響，競成文華，遂成風俗。江左齊、梁，其弊彌甚，貴賤賢愚，唯務吟詠。遂復遺理存異，尋虛逐微，競一韻之奇，爭一字之巧。連篇累牘，不出月露之形；積案盈箱，唯是風雲之狀。世俗以此相高，朝廷據茲擢士。祿利之路既開，愛尚之情愈篤。於是閭里童昏，貴游總卯，未窺六甲，先制五言。至如羲皇、舜、禹之典，伊、傅、周、孔之說，不復關心，何嘗入耳？以傲誕為清虛，以緣情為勳績，指儒素為古拙，用詞賦為君子。故文筆日繁，其政日亂。良由棄大聖之軌模，構無用以為用也。損本逐末，流遍華壤，遞相祖師，久而愈扇。

及大隋受命，聖道聿興，屏黜輕浮，遏止華偽。自非懷經抱質，志道依仁，不得引預搢紳，參廁纓冕。開皇四年，普詔天下：公私文翰，並宜實錄。其年九月，泗州刺史司馬幼之文表華豔，付所司治罪。自是公卿大臣咸知正路，莫不鑽研墳集，棄絕華綺。擇先王之令典，行大道於茲世。……其學不稽古，逐俗隨時，作輕薄之篇章，結朋黨而求譽，則選充吏職，舉送天朝。（《隋書》〈李諤傳〉）

　　李諤的上書，其合理內核是反映了改變六朝華靡文風的要求，但他連建安時代的文學繁榮也加以否定，連緣情之作也加以指責，號召人們鑽研《三墳》、《五典》等古代典籍，這只能導致復古。所謂「遞相祖師」，指的是文學發展代代相沿、循環相因的「通」，所謂「逐俗隨時」，指乘機趨時的「變」，這都是李諤指斥的對象。按照李諤的觀點，必然由否定文學的審美功能而走向否定文學藝術，這是劉勰「通變」論的反動。

　　隋代的統治者鑒於前朝覆亡的教訓，片面地將六朝君主溺情文藝、把文學當作娛樂工具視為亡國的原因，轉而尚質尚用，反對「新變」而崇尚「雅正」，自有其政治上的考慮。李諤的上書正迎合了最高統治者的需要，加之隋文帝與李諤的文藝觀也比較接近，所以一拍即合。隋文帝曾一再下詔崇雅樂、黜新聲，他曾對群臣說：

　　聞公等皆好新變，所奏無復正聲，此不祥之大也。自家形國，化成人風，勿謂天下方然，公家家自有風俗矣。存亡善惡，莫不繫之。樂感人心，事資和雅。公等對親戚宴飲，宜奏正聲；聲不正，何以使兒女聞也！（《隋書》〈音樂志〉）

　　這種「新聲」，即當時的新樂，其中有不少是西域等地的少數民族音樂，它對詩歌的發展乃至詞的興起均有一定關係，對其一概排斥是錯誤的，這比劉勰倒退了一步。劉勰的「通變」要求「資故實」與「酌新聲」的結合；隋文帝卻要「資和雅」、「黜新聲」，與通變背道而馳。實踐證明，隋文帝並未遏止住新樂的流行，這也說明復古是行不通的。

　　隋代的王通（584-617）也是復古派，他曾以周公、孔子的後繼者自居，自詡「如有用我者，吾其為周公所為乎？」（《中說》〈天地〉）

在文學方面，他反對變，並說：「變風、變雅作而王澤竭矣，變化、變政作而帝制衰矣。」（《中說》〈事君〉）可見他是一個根本不懂得「通變」的頑固派。

第二節　初唐史學家與文論家的文學發展觀與「通變」

《晉書》（房玄齡撰）、《北齊書》（李百藥撰）、《梁書》（姚思廉撰）、《陳書》（姚思廉撰）、《周書》（令狐德棻等撰）、《隋書》（魏徵等撰）都成於初唐，這七史中的《文學傳》或《文苑傳》，特別是其中的傳論，多涉及歷代文學的發展演變問題。與復古派不同的是，他們對南朝不少作家，給予了充分的肯定，並肯定了文學的審美功能。在談到文學的發展演變時，雖未用「通變」這個概念，卻具有「通變」的內涵。如《周書》〈王褒庾信傳論〉，對各代文學發展情況的概括，大體符合「通變」之道，既指出了「時運推移，質文屢變」的現象，也指出了後代文學繼承前代傳統、文學代代相沿的特點。如說北魏的文學，有「永嘉之遺烈」，並批評蘇綽「屬詞雖有師古之美，矯枉非適時之用」，這些都與「通變」有關。特別是指出了「文質因其宜，繁約適其變，權衡輕重，斟酌古今」（《周書》〈王褒庾信傳論〉），主張因宜與適變相結合，就更接近於劉勰的「通變」觀了。

初唐還有幾位文論家，雖不曾使用「通變」一詞，但使用過與「通變」義近的「沿革」或「沿改」。「沿」指因襲、繼承，「革」、「改」指革新，「沿革」或「沿改」，已具有「通變」的內涵。

盧照鄰（650-676）《樂府雜詩序》云：

　　王風國詠，共驪翰而升沉；裡頌途歌，隨質文而沿革。以少卿長

別，起高唱於河梁；平子多愁，寄遙情於隴阪。南浦動關山之役，作
者悲離；東京興黨錮之誅，詞人哀怨。其後鼓吹樂府，新聲起於鄴中；
山水風雲，逸韻生於江左。言古興者，多以西漢為宗；議今文者，或
用東朝為美。……其有發揮新題，孤飛百代之前；開鑿古人，獨步九
流之上。(《幽憂子集》卷六)

　　從他論述西漢以來詩歌、樂府的發展情況看，他是既推重前代又
主張創新的。
　　駱賓王（619-687）《和閨情詩啟》說：

　　竊惟詩之興作，兆基邃古。唐歌虞詠，始載典謨；商頌周雅，方
陳金石。其後言志緣情，二京斯盛；含毫灑思，魏晉彌繁。……河朔
詞人，王、劉為稱首；洛陽才子，潘、左為先覺。若乃子建之牢籠群
彥，士衡之籍甚一時，並文苑之羽儀，詩人之龜鏡。爰逮江左，謠詠
不輟，非有神骨仙才，專事玄風道意。顏、謝特挺，戕罰典麗。自茲
以降，聲律稍精。其間沿改，莫能正本。(《文苑英華》卷六五六)

　　他對東晉的玄言詩以及顏延之、謝靈運的詩，評價沒有西晉以前
的詩歌高，認為玄言詩的作者，並沒有「神骨仙才」，卻專意玄風道
意，並說顏、謝有傷典麗。「自茲以降，聲律稍精」，似指永明體詩
歌，認為其間或沿其革，已失其正。這與劉勰的「通變」的「參伍因
革」，要求「執正馭奇」而反對「逐奇而失正」是一脈相承的。

第三節　陳子昂、李白等人的以復古為革新的「通變」

唐代以復古為革新或者說以復古為「通變」的始於陳子昂。其《與東方左史虬修竹篇序》云：

> 文章道弊五百年矣！漢魏風骨，晉宋莫傳，然而文獻有可征者。僕嘗暇時觀齊梁間詩，彩麗競繁，而興寄都絕，每以永嘆。思古人，常恐逶迤頹靡，風雅不作，以耿耿也。一昨於解三處見明公《詠孤桐篇》，骨氣端翔，音情頓挫，光英朗練，有金石聲。遂用洗心飾視，發揮幽鬱。不圖正始之音，復睹於茲；可使建安作者，相視而笑。解君云：「張茂先、何敬祖，東方生與其比肩。」僕以為知言也。故感嘆雅制，作《修竹篇》一首，當有知音以傳示之。（《陳伯玉文集》卷一）

從上引文字可以看出，陳子昂的傾向是繼承，所繼承的對象是《詩經》的風雅傳統與「建安風骨」。所謂「正始之音」有的注家謂「正始，魏齊王芳年號（西元240-248年）。作為文學史上的所謂正始時代，是泛指魏王朝後期的。代表作家有何晏、阮籍、嵇康。這裡所說的『正始之音』，指的是嵇、阮的詩。」[1]這種理解恐非確解。案：《詩大序》云：「〈周南〉、〈召南〉，正始之道，王化之基。」我以為「正始之音」是指「二南」詩，這是「正風」，此處代指「正風」、「正雅」，也就是概指風雅的傳統。「風雅不作」，指風雅傳統沒有繼承下來，主張復古的陳子昂對此耿耿於懷。陳子昂的《與東方左史虬修竹篇序》還標舉「風骨」與「興寄」二點，這是值得注意的。「風骨」是劉勰《文心雕龍》的重要美學範疇，鍾嶸稱為「風力」。《文心雕龍》〈通變〉篇云：「文

1　郭紹虞主編：《中國歷代文論選》上冊，第389頁。

辭氣力，通變則久。」、「氣力」與「風力」、「風骨」是相同的。劉勰、
鍾嶸都推崇「建安風骨」，這一點與陳子昂觀點相同。「興寄」指比興、
寄託，是「托物起興」、「因物喻志」的創作特點，也是〈國風〉「二南」
的傳統精神之所在。這二者可以說是陳子昂變革當時詩風（包括六朝
詩風）一種方向性的指示，他所高舉的是塗著復古色彩的革新旗幟，
是以復古為「通變」和革新。但他說「建安風骨，晉宋莫傳」，是不符
合文學史的實際的。以漢魏為界，把文學史分成兩截，也有些不當。
如果晉宋詩沒有風骨，又何以把東方虯的「骨氣端翔」的《詠孤桐篇》
和晉代的張華（字茂先）和何劭（字敬祖）相比呢？這本身就存在矛
盾。

　　盛唐詩人李白（701-762）也是以復古為革新的。他在《古風五十
九首‧其一》寫道：

　　〈大雅〉久不作，吾衰竟誰陳？〈王風〉委蔓草，戰國多荊榛。龍
虎相啖食，兵戈逮狂秦。正聲何微茫，哀怨起騷人。揚馬激頹波，開
流蕩無垠。廢興雖萬變，憲章亦已淪。自從建安來，綺麗不足珍。聖
代復元古，垂衣貴清真。群才屬休明，乘運共躍鱗。文質相炳煥，眾
星羅秋旻。我志在刪述，垂輝映千春。希聖如有立，絕筆於獲麟。
（《李太白全集》上冊卷二）

　　這代表了李白對歷代詩賦的評價，他大力推崇《詩經》的「風雅
正聲」。認為《詩經》以後，屈原、宋玉的辭賦，是「正聲微茫」後的
產物，不過是僅僅抒寫哀怨而已。至於漢代的司馬相如、揚雄的賦
作，不過是激起一股濁流而已，而且一發而不可收。這與劉勰所說的
「楚漢侈而豔」、「流靡忘返」是相通的。此後文風雖屢經變化，但《詩

經》的憲章法度，淪落而不能復振。所以建安以來的詩賦，是綺麗而不足珍貴的。其偏激的情緒比陳子昂走得還遠，大有《詩經》之後，文學發展每況愈下之慨。李白頗以復古自任。孟棨《本事詩》〈高逸〉云：「白才逸氣高，與陳拾遺（陳子昂）齊名，先後合德。其論詩云：『梁陳以來，豔薄斯極，沈休文又尚以聲律，將復古道，非我而誰』。」但李白的復古與梁代的裴子野、北朝的蘇綽、隋朝的李諤和王通有所不同，裴子野等是否定文學的審美功能的，

　　他們對文學只要求實用，要求為政教服務，不要美甚至否定美，寫作上要求模擬經典。而李白的復古是為改變綺靡的文風製造輿論，他對文學創作有較多的美學要求。和陳子昂一樣，李白也推崇建安風骨，他的《宣州謝朓樓餞別校書叔云》曾言：「蓬萊文章建安骨，中間小謝又清發。」、「蓬萊文章」指漢代和漢代以前的古文，「小謝」指謝朓。這兩句詩與《古風五十九首・其一》對歷代文學作品的評價已存在矛盾。李白也主張詩歌要有「興寄」，嘗言「興寄深微，五言不如四言，七言又其靡也。」（孟棨《本事詩》〈高逸〉）孟棨說他與陳子昂「先後合德」，殆指主復古與重「風骨」與「興寄」相合。此外，李白對詩歌的美學要求又較陳子昂強烈，他還要求「清真」、「自然」與去掉雕飾的「天然」。劉勰要求文質相稱，李白要求「文質相炳煥」，即要求文質相映襯而發生光彩。評價李白的詩論，不能僅據《古風五十九首・其一》，事實上他對《詩經》以後的不少詩人還是肯定的。對屈原，他曾說：「屈平詞賦懸日月，楚王台榭空山丘。」（《江上吟》）他也很企慕謝靈運，特別欣賞謝靈運《登池上樓》的佳句「他塘生春草，園柳變鳴禽」，有所謂「夢得池塘生春草，使我長價登樓詩。」（《贈從弟南平太守之遙二首・其一》）李白詩中對謝朓的讚美出現得更多。如「解道澄江靜如練，令人長憶謝玄暉。」（《金陵城西樓月下吟》）「我吟謝

朓詩中語，朔風颯颯吹飛雨。」(《酬殷明佐見贈五云裘歌》)「獨酌板橋浦，古人誰可證？玄暉難再得，灑酒氣填膺。」(《秋夜板橋浦泛月獨酌懷謝朓》) 等等。李白詩篇中所表現的對前代詩人的懷念和讚美，其次數之多，無人可與謝朓相比。難怪清代的王士禛說李白「一生低首謝宣城」(《論詩絕句》) 了。

　　唐代是我國詩歌史上的黃金時代，它的五七言古體詩是在漢魏六朝古體詩的基礎上發展起來的，五七言近體詩則是在齊梁新體詩和六朝樂府民歌的基礎上經過「通變」創造出來的更加完美的新型格律詩。這是詩歌創作的歷史趨勢，也是「通變」的規律性的表現。對遺產只能批判地繼承，這是「通變」的基礎，李白的詩歌所以取得了卓越的成就，不是靠的「復古」，而是靠的「通變」，沒有六朝詩歌對形式技巧的講求，就沒有唐詩的繁榮。從李白的創作實踐看，他是懂得「通變」並善於「通變」的。所以他的「復古」，是以復古為革新。這是「通變」的一種形態。

第四節　殷璠與杜甫的「通變」思想

　　生活在唐玄宗開元、天寶年間的殷璠，在天寶十二年 (753) 之後，編選了一部《河岳英靈集》，其《敘》云：

　　至如曹、劉詩多直致，語少切對，或五字並側，或十字俱平，而逸價終存。然挈瓶膚受之徒，責古人不辨宮商，詞句質素，恥相師範。於是攻乎異端，妄為穿鑿，理則不足，言常有餘。都無興寄，但貴輕豔。雖滿篋笥，將何用之？

　　自蕭氏以還，尤增矯飾。武德初，微波尚在。貞觀末，標格漸高。景雲中，頗通遠調。開元十五年後，聲律風骨始備矣。實由主上惡華好朴，去偽從真，使海內詞人，翕然尊古，有周風雅，再闡今日。

　　由此可見，殷璠論詩也像陳子昂、李白一樣，是標舉「風骨」與「興寄」的。他們對齊梁綺靡、輕豔詩風的批判也是大體相似的。只不過陳子昂是以理論結合創作，殷璠則是用理論結合選詩以樹立新的創作旗幟。殷璠也有復古傾向，但這種傾向沒有陳子昂、李白那樣強烈，這與時代思潮和唐玄宗的提倡有關，由於主上「惡華好樸，去偽存真」，所以導致「翕然尊古」之風，周代《詩經》的「風雅」傳統，再現今日，這是追述原因，並非他的極力主張。當然他在論述唐以前的詩歌發展時，讚美過曹植、劉楨的古雅之作，而對於齊梁至初唐的崇尚聲律、但貴輕豔的詩歌有所不滿，這是他的「通變」觀的反映。《吟窗雜錄》卷四十一保存了殷璠的一段文字，對理解其「通變」觀頗有幫助：

　　李都尉（指李陵）沒後九百餘載，其間詞人不可勝數。建安末，氣骨彌高，太康中，體制尤峻，元嘉筋骨仍在，永明規矩已失，梁、陳、周、隋，厥道全喪。蓋時遷推變，俗異風革，信乎大文，化成天下。

　　他對各代詩歌發展演變的評價，大體與唐代多數文論家相似，值得注意的是提出時代變遷推動了詩歌的變化，習俗的不同引起文風的變革，這與劉勰所說的「文變染乎世情，興廢繫乎時序」是一致的。另外，殷璠在《河岳英靈集》〈集論〉中曾說：「璠今所集，頗異諸家：

既聞新聲，復曉古體；文質半取，風騷兩挾。言氣骨則建安為傳，論宮商則太康不逮。」這説明他的選詩標準是折中於「新聲」與「古體」之間、文質之間、風騷之間，是典型的「通變」觀點，劉勰也是折中於古今之間、質文之間的。「風騷兩挾」與劉勰所説的「倚雅頌以馭楚篇」同一旨歸。

杜甫的「通變」觀，在盛唐時代別具一格，他不是「以復古為通變」，而是更注意繼承前賢的優秀之作，轉益多師。對六朝作家，他不像前述的數家多所指責，他的評價比較公正，在從隋至唐的復古派和以復古為革新的陳子昂、李白激烈地抨擊齊梁詩風的大合唱中，唯有杜甫持論不偏激，而在大力肯定庾信後期的詩賦。《戲為六絕句》之一云：「庾信文章老更成，凌雲健筆意縱橫。今人嗤點流傳賦，不覺前賢畏後生。」又云：「庾信平生最蕭瑟，暮年詩賦動江關。」（《詠懷古蹟五首》之一）

在處理古今關係上，他提出：「不薄今人愛古人，清詞麗句必為鄰。竊攀屈宋宜方駕，恐與齊梁作後塵。」（《戲為六絕句》之五）意思是説自己論詩並無古今的成見，只要是清詞麗句都有所取，應上攀屈原、宋玉，與之並駕齊驅，否則便要落入齊梁的後塵了。杜甫論詩既不廢齊梁，又不願步齊梁的後塵；既注重繼承優秀的文學遺產，又不因襲模擬，而要自鑄偉詞，創造出碧海鯨魚的壯美意境。由此可見，杜甫是深知「通變」之理的。

劉勰在《文心雕龍》〈通變〉篇中，舉漢代五位賦家之例，對循環相因略露微詞。杜甫對「遞相祖述」的因襲模擬也持否定態度。其《戲為六絕句》之六云：

未及前賢更勿疑，遞相祖述復先誰？別裁偽體親風雅，轉益多師

是汝師。

　　如果因襲模擬，「遞相祖述」，誰也不比誰占先，這樣不能跨越前人是毫無疑問的，所以要裁去「偽體」。所謂「偽體」指的是因襲模擬、沒有生命力的作品，只有轉益多師，才能最終與風雅相近。杜甫曾言「李陵蘇武是吾師」，又說「苦學陰何頗用心」。他既注意學習漢代的作家，又能在眾多的人大罵齊梁作家的時代，苦苦學習陰鏗、何遜的創作。他在詩歌創作中所取得的成就，與此有密切的關係。他在詩歌藝術上所以能集大成，正得力於「通變」，故能「盡得古今之體勢，而兼人人之所獨專矣」（元稹《唐故工部員外郎杜君墓系銘並序》）。在某種意義上可以說，杜甫是「通變」理論的最佳實踐者，他的詩歌是「通變」理論所結出的花朵。

第五節　皎然的「複變」論

　　皎然（720-796？）的《詩式》，是唐代詩學專著之佼佼者。明胡震亨認為唐人詩話中，「惟皎師《詩式》、《詩議》二撰，時有妙解」（《唐音癸籤》卷三十三），對其詩論評價頗高。

　　「通變」問題，是每一個文論家無法迴避的問題，通過對歷代文學的評價，對創作的美學要求，對繼承與革新的處理等等，都可以窺見其「通變」觀，不管他使用不使用「通變」這個概念。唐代文論家使用「風骨」這一概念的，我們可能找出上百處，卻不見「通變」一詞，唐代存在一種復古思潮，以倡導復古為時髦，在復古浪潮的掩蓋下，「通變」一詞被吞沒了。說陳子昂「以復古為通變」是後人的總結，而最早將「復古通變」連綴在一起的，始於生於唐玄宗開元八年（720年）

左右，卒於德宗貞元後期的僧人皎然。

　　《詩式》卷五有「復古通變體」一則，題下自注曰：「所謂通於變也。」其文引錄於下：

　　評曰：作者須知複變之道，反古曰復，不滯曰變。若惟復不變，則陷於相似之格，其狀如駑驥同廄，非造父不能辨。能知複變之手，亦詩人之造父也。以此相似一類，置於古集之中，能使弱手視之眩目，何異宋人以燕石為玉璞，豈知周客嚧胡而笑哉？又，複變二門，復忌太過，詩人呼為膏肓之疾，安可治也。如釋氏頓教，學者有沉性之失，殊不知性起之法，萬象皆真。夫變若造微，不忌太過，苟不失正，亦何咎哉？如陳子昂復多而變少，沈、宋復少而變多，今代作者不能盡舉。吾始知複變之道豈唯文章乎？在儒為權，在文為變，在道為方便。後輩若乏天機，強效復古，反令思擾神沮，何則？夫不工劍，而欲彈撫干將、太阿之鋏，必有傷手之患，宜其戒之哉。（《詩式》卷五）

　　皎然論詩，頗重創新、變化，唐代的復古思潮幾乎籠蓋一世，皎然卻能跳出復古的牢籠。所謂「反古」是指返回古代，反歸於古，猶如走回頭路一樣，這就是他對「復」的解釋。所謂「不滯」，即不凝滯，不拘泥，亦含運動變化之義。《楚辭》〈漁父〉：「聖人不凝滯於物，而能與世推移。」、「與世推移」即隨時變化也。故皎然用以釋「變」。他認為如果刻意復古，不知變化、創新，則陷入與古人相似、貌似古人的下格，只能騙騙弱手，令人看得目眩，但是這類作品如同燕石一般不值得珍貴，只能讓人嘲笑。基於此，他提出「復忌太過」，反對復古過了頭。他把超過限量、適度的「復」，比作不可治療的「膏肓之

疾」，足見他對刻意復古是不贊成的，在復古之風頗盛的唐代，皎然的這一看法是值得注意的，不僅是拔出流俗，亦有矯正復古之風的用義。皎然又把刻意復古比作佛家頓悟的「沉性之失」，即本非頓悟之利根，而強效頓教，便要迷其真性。所謂「性起之法，萬象皆真」，亦為佛家語。釋家所言之「法」，指世上的一切，包括外界事物以及人對事物的認識。釋家認為：「法」以其成因之不同，有「緣起」和「性起」之別。所謂「緣起」，即由多種條件、關係和合而生成之「法」，此種「法」無獨立之自性，故不真。《摩訶衍論》云：「一切因緣，故不應有。」所謂「性起」，即由「真如之性」——人心中所自有之佛性而生成之性，故唯有「性起之法」方為真實、純淨之「法」。皎然《奉酬於中丞》詩中「性起妙不染，心行寂無蹤」即為此意。這裡是說，只有從內部求諸各人心中之真性，而不從外部去強效古人，方可得「萬象之真」（此段佛學用語的解釋，用李壯鷹《詩式校注》說）。皎然用釋家之說，力圖說明刻意復古是會喪失人的獨立性與「真如之性」的。由此，我們可以這樣推論，皎然認為人的本性有求新、求變的要求，有施展創造力的本能，刻意復古是對創造力、求新、求變的戕害，在「復」與「變」的矛盾對立中，皎然是抑「復」崇「變」的。「複變之道」主要在「變」，陳子昂主復古又擅長古體詩，所以他說陳子昂的「復多變少」。沈佺期、宋之問擅長近體詩的律體，所以他說沈、宋「復少變多」。他對沈、宋詩的評價是高過陳子昂的。

另外，皎然還把「複變之道」推及許多事物的方面，這是《易傳》所言「通變之謂事」的推衍。「複變之道」對於儒家來說叫作「權」，所謂「權」，即權宜變通之義，因宜而變謂之「權」，與經（正常）相反也叫「權」。《公羊傳》〈桓公十年〉：「權者何，權者，反於經然後有善者也。」《易》〈繫辭下〉：「《井》以辯義，《巽》以行權。」王弼

註：「反經而合道，以合乎巽順，而後可以行權也。」、「權」是符合「通變」之道的。對文來說，就是因宜而變，「方便」是佛家語，達於真如之智為「般若」，通於權變之智為「方便」。又，「方便」與佛家所說的「實」相對。適於一時之法曰「權」，究竟不變之法曰「實」。皎然用這些說法旨在說明一點，「變」是合理的、可行的，「複變之道」重在「變」。他所理解的「通變」是「通於變化」，「通變」不含對立，與「通變」對立的是復古，他的「復古通變」與劉勰所說的「通變」義近。

皎然主創新、變化，反對依傍模擬古人的思想，在《詩議》中也有所表現。《詩議》云：

凡詩者，雖以敵古為上，不以寫古為能。立意於眾人之先，放詞於群才之表，獨創雖取（一作在），使耳目不接，終患倚傍之手。或引全章，或插一句，以古人相粘二字、三字為力，廁麗玉於瓦石，殖芳芷於敗蘭，縱善，亦他人之眉目，非己之功也，況不善者乎？時人賦孤竹則云「冉冉」，詠楊柳則云「依依」，此語未有之間，何人曾道？謝詩云：「江蘺亦依依」，故知不必以「冉冉」系竹，「依依」在楊。常手傍之，以為有味，此亦強作幽想耳。且引靈均為證，文譎氣貞，本於六經，而制體創詞，自我獨致，故歷代作者師之。此所謂勢不同，而無模擬之能也。（《文鏡秘府論》〈南卷〉引）

此段話的中心意思是反對以寫古為能事，依傍古人，也諷刺了那些造語只會依傍《詩經》、《古詩十九首》的人。《詩經》有「楊柳依依」之句，他們凡寫楊柳便用「依依」來形容，《古詩十九首》有「冉冉孤生竹」，他們凡寫竹便襲用「冉冉」，自以為有味，實則非然。謝朓詩句「江蘺亦依依」，也算有所變化，故比常手高明。屈原所以能成為歷

代作者之師，在於文譎氣貞，雖本於六經，而在制體創詞方面，有自己的獨到之處。由此可見，皎然不是不要繼承前代的作品。屈原本於六經，依經立意，但並非是模擬六經，而是「自鑄偉詞」（劉勰《文心雕龍》〈辨騷〉篇）。如同劉勰一樣，皎然也是把屈原當作「通變」的典範的。

　　皎然論詩，主張詩歌的內容和藝術表現要注意不偏不倚，具有適度感和「中和」之美。如説：

　　氣高而不怒，怒則失於風流；力勁而不露，露則傷於斤斧；情多而不暗，暗則蹶於拙鈍；才贍而不疏，疏則損於筋脈。（《詩式》〈詩有四不〉）

　　要力全而不苦澀，要氣足而不怒張。（《詩式》〈詩有二要〉）

　　至險而不僻；至奇而不差；至麗而自然；至苦而無跡；至近而意遠；至放而不迂。（《詩式》〈詩有六至〉）

　　皎然要求詩歌要「氣高」、「力全」，但氣過勝則會導致怒張，力過勁則會失之刻露，有斧鑿之痕。所以要適度。奇險而不失於怪癖，駢偶爾不失於渾成自然。所謂「至苦而無跡」，我們可與《詩議》相印證。《詩議》云：「或曰：詩不要苦思，苦思則喪於天真。此甚不然。固須繹慮於險中，采奇於象外，狀飛動之句，寫冥奧之思。夫希世之珠，必出驪龍之頷，況通幽含變之[文]哉？但貴成章之後，有其易貌，若不思而得也。」（《文鏡秘府論》〈南卷〉引）所謂「通幽含變」，即「通變」的另一説法。可見追求適度與「中和」之美，與「通變」至為密切。

　　由此可見，皎然的詩歌美學是頗重適度與「中和」之美的。這種

審美趨向，很像劉勰，劉勰的「通變」論，是在古與今、質與文、雅
與俗、奇與正之間找到和諧之美，皎然也是如此。皎然的「通變」觀，
雖沒有劉勰那麼系統，但他克服了「宗經」的侷限，特別強調「變」，
明確地反對復古模擬，他甚至把復古模擬與剽竊連繫起來，在《詩式》
卷一中，皎然提出剽竊有偷語、偷意、偷勢三種，並認為「偷語最為
鈍賊」，偷意次之，偷勢可以原諒。從他所舉的「三偷」詩例看，要求
雖有過苛過嚴的傾向，是否一律稱為「偷」，尚可研究。但其主創新反
剽竊的意圖，是不難理解的。

　　總之，皎然的「複變」論，致意之點在「變」，從他要求適度與
「中和」美來說，涉及的範圍比劉勰還廣泛，他在某些方面，應當說是
發展了劉勰的「通變」論的。

第六節　韓愈的「以復古為通變」

　　近代學者將韓愈（768-824）倡導的古文運動與「通變」連繫起來
的，是朱自清先生。他在《詩言志辨》中說：

　　韓愈是提倡古文的第一人。他在《與馮宿論文書》裡將「應事」
而作的「俗下文字」與「古文」對立（《韓昌黎集》十七）；又在《答
劉正夫書》裡說為文「宜師古聖賢人」（《集》十八）。他所師的古聖賢
人，《進學解》列出詳目。……這就是《答李翊書》中所謂「非三代兩
漢之書不敢觀」（《集》十六）。他「思古人而不得見，學古道則欲兼通
其辭」；所謂「通其辭」，便是「取其句讀不類於今者」（《題歐陽生哀
辭後》，《集》二十二）。他雖說過要「直似古人」（《與馮宿書》），但
「取其句讀不類於今」，其實正是「惟陳言之務去」（《答李翊書》），是

自造新語。《舊唐書》一六〇本傳說得好：（愈）常以為自魏、晉以還為文者多拘偶對，而經誥之指歸，遷、雄之氣格，不復振起矣。故愈所為文務反近體，杼意立言，自成一家新語。李翱《祭吏部韓侍郎文》也說：「六經之學，絕而復新；學者有歸，大變於文。」（《李文公集》十六）韓愈的復古還只是通變。[2]

　　後文又說唐代古文是「一直以復古為通變」的。說韓愈是「以復古為通變」是可以成立的。但朱自清先生與我們立論的基礎不同。他引《文心雕龍》〈通變〉篇的紀昀評語，認為紀的「這番話透徹地說出復古怎樣也是通變，解釋劉氏（指劉勰）的用意最為確切」。我們不同意紀氏的「通變復古」說，而認為「通變」是繼承與革新的統一。但從繼承與革新統一的角度看，也可以說韓愈是「以復古為通變」的。茲重新論證於下：

　　韓愈的復古，綜而論之，大概有以下幾個方面的內涵：

　　第一，韓愈提倡古文，意在以之代替句式整齊、講求對偶的駢文。西漢以前的文章以散行為主，東漢以後駢偶成分漸多，至南朝後期駢賦出現之後，駢儷化更盛，四六文形成，至初唐發展到極點。中唐仍很流行。韓愈要求變革散文創作的駢儷之風，主張恢復先秦、西漢的文體，這就是韓愈所說的「古文」。

　　第二，韓愈倡導古文，期在「明道」，而所明之道，即儒家的「古道」，以排斥佛、老之道。他提倡古文與「復古道」有關。他說：

愈之志在古道，又甚好其言辭。（《答陳生書》）

─────────

2　《朱自清說詩》，上海古籍出版社1998年版，第157-158頁。

然愈之所志於古者，不惟其辭之好，好其道焉爾。（《答李秀才書》）

愈之為古文，豈獨取其句讀不類於今者也。思古人而不得見，學古道而兼欲通其辭。通其辭者，本志乎古道者也。（《題歐陽生哀辭後》）

韓愈所謂的「道」，在〈原道〉一文中有具體的論述。概言之，一是「相生相養之道」，即生產、交換、建築、醫藥等；一是儒家的仁義道德和禮樂刑政制度。並明確指出他的「道」，不包括佛、老之道：

斯吾所謂道也，非向所謂老與佛之道也。堯以是傳之舜，舜以是傳之禹，禹以是傳之湯，湯以是傳之文、武、周公，周公傳之孔子，孔子傳之孟軻：軻之死，不得其傳焉。（〈原道〉）

這就是韓愈的「道統」。在中唐時代，韓愈提倡「復古道」是具有現實意義的。當時藩鎮割據，中央失控，社會動盪，生產遭到很大的破壞，韓愈要求嚴守君臣之道，以加強中央集權，有利於社會的安定。又因當時佛、道兩教盛行，道教被奉為「國教」，寺院經濟膨脹，僧侶兼併土地，亦不利於發展生產。韓愈「復古道」的具體內容，在很大程度上便是針對藩鎮割據與寺院經濟膨脹而言，在他的仕宦生涯中，為打擊割據勢力和佛教氣焰而不避危險，上《諫迎佛骨表》險遭殺身之禍，所以他的「復古道」有力矯時弊的積極意義。韓愈等人所倡導的古文運動，是與政治上的改革相連繫的。從某種意義上說，古文運動，也是一場政治的革新運動。復古而實為「通變」，由此可以看

得比較清楚。

　　第三，韓愈的古文，所師法繼承的不僅僅是「古道」，還有「古文辭」。他自稱因好古道而好古辭，「學古道而欲兼通其辭」。其《進學解》云：

　　沉浸醲郁，含英咀華，作為文章，其書滿家。上規姚姒，渾渾無涯：《周誥》、《殷盤》，佶屈聱牙；《春秋》嚴謹，《左氏》浮誇；《易》奇而法，《詩》正而葩；下逮《莊》、《騷》，太史所錄，子雲相如，同工異曲：先生之於文，可謂閎其中而肆其外矣。

　　這實際上借他人之口的夫子自道，這是他為文的師法對象，以「通變」的角度看，也就是「通」的對象。儒家的經典、《莊子》、《離騷》，以至漢代的司馬遷、司馬相如、揚雄等人的文章，皆為他師法的對象，這也就是「非三代兩漢之書不敢觀」。所謂「上規姚姒」，「姚」是帝舜的姓氏，這裡指〈虞書〉〈堯典〉、〈皋陶謨〉；「姒」為大禹的姓氏，此指〈夏書〉〈禹貢〉、〈甘誓〉。「渾渾無涯」，喻指〈虞書〉、〈夏書〉內容廣大深厚，看不到涯岸。《周誥》指〈周書〉內周公、召公所作的〈大誥〉、〈康誥〉、〈酒誥〉、〈召誥〉、〈洛誥〉等篇。〈殷盤〉指〈商書・盤庚〉上中下三篇。「佶屈聱牙」是艱澀難讀的意思。「《易》奇而法」指《易經》之卦，千變萬化，奇奇怪怪，但也有一定規律，所以是奇有法的。「《詩》正而葩」是說《詩經》的作品內容雅正（思無邪），但文字如花一樣美麗。除了《禮記》之外，韓愈對《五經》都有所評價，還旁及《莊子》、《離騷》及兩漢之文。

　　但韓愈對於先秦兩漢之文，雖為師法對象，並非是古文創作的模擬對象，這一點他與復古派蘇綽模擬〈大誥〉完全不同，他絕不會模

擬「佶屈聱牙」的《尚書》來寫古文，他的古文寫得平易、質樸、暢
達便是明證。為了寫好古文，在古文的語言方面他提出了一系列的主
張。其《答劉正夫書》云：

　　或問：「為文宜何師？」必謹對曰：「宜師古聖賢人。」曰：「古聖
賢人所為書具存，辭皆不同，宜何師？」必謹對曰：「師其意不師其
辭。」……今後進之為文，能深探而力取之，以古聖賢人為法者，雖未
必皆是，要若有司馬相如、太史公、劉向、揚雄之徒出，必自於此，
不自於循常之徒也。若聖人之道，不用文則己，用則必尚其能者。能
者非他，能自樹立，不因循者是也。

　　「師其意不師其辭」，「深探而力取之」、「自樹立，不因循」，這都
是「通變」之法，而且其中強調的是革新與創造。在《答李翊書》中，
他又提出「惟陳言之務去」的問題，並指出：學文的途徑要道文合一，
要善於學習前人的作品；在寫作實踐上，要有創造性。結合這些論述
來理解他的「陳言務去」，就不單指語言，還包括文章的內容。所以韓
愈倡導的古文運動，實際上是文章的革新運動，是「通變」的運用。
內容上的革新，主要是「文以明道」，形式上的革新，是在繼承先秦兩
漢散文的基礎上，創造出比較接近當時口語的古文，以代替駢儷文。
他心目中的古文，是經過繼承與革新的新體散文。他使用未使用「通
變」一詞，那是次要的。他的復古實為「變古」。劉熙載曾指出：

　　韓文起八代之衰，實集八代之成，蓋惟善用古者能變古，以無所
不包，故能無所不掃。（《藝概》〈文概〉）

「善用古者能變古」，一句道盡了「通變」之理。

第七節　宋代的詩文革新運動與「通變」

　　北宋初文壇的情況有些方面類似初唐，初唐承六朝之餘緒，面對的是六朝浮靡的文風與流行了數百年的駢儷之文，為了改變文風，不少人打起復古的旗號，其中有純復古者，也有以復古為革新的「通變」。其中以復古為革新者取得了可喜的成就，上文已作了論述。宋初在未形成自己的文學格局以前，晚唐五代的綺豔浮靡文風比起六朝來，有過之而無不及。他們完全拋棄了文學的政教作用，只追求文學的賞心悅目，尋求刺激，把詩歌當作享樂的工具。雖然較重詩歌的審美特徵，但美學趣味都是較庸俗低下的。韋莊的《又玄集》、韋縠的《才調集》出現於晚唐，五代又有《香奩集》與《花間集》出現，以上四集都有集序，明目張膽地提倡以淫豔之筆描寫情慾，或寫「風月煙花」，或寫「柳巷青樓，金閨繡戶」的風流韻事，踵事增華，變本加厲，這是齊梁宮體文學的再現，是齊梁文學「新變」的復歸，其詳細論述，留待下編「新變」中再敘。

　　再從文的方面說，唐代的古文運動，雖經韓愈、柳宗元的大力倡導取得一定的成就，又有後繼者李翱、皇甫湜作為嗣響，古文也曾風行一時，但並未打倒駢儷文。比如中唐以後，駢儷文照樣有人寫作。陸讚的奏疏，皆用駢體，受到當時和後代人的推崇，宋代的古文家每每提及陸贊，並作為師法對象。晚唐的杜牧，寫有《阿房宮賦》，也是駢體，並稱為律賦的佳作，在賦的發展史上，律賦亦占有一定的地位，駢儷文自有它存在的理由，是任何人也禁止不了的。曾國藩曾經指出：

自東漢至隋，文人秀士，大抵義不孤行，辭多儷語：即議大政，考大禮，亦每綴以排比之句，間以婀娜之聲。歷唐代而不改；雖韓、李銳志復古，而不能革舉世駢體之風。此皆習於情韻者類也。（《湖南文征序》）

上述引文中所謂「排比之句」、「婀娜之聲」，即駢體所講究之偶句與聲韻，這是「四六文」的特點。所謂「習於情韻」，即重抒情的特點。「韓、李」指韓愈與李翱。宋初的古文，雖宗法韓、李，但皇甫湜的影響也很大。韓文本有尚奇尚險之處，至宋代，古文不僅有尚奇尚險之弊，亦有艱澀難讀之弊。宋代為了強化封建專制，需要強化傳統的儒家之道。所以古文家與道學家都強調「道」與「道統」。古文家主張「文以明道」、「文以貫道」，道學家主張「文以載道」，把文當作載道的工具。道學家不但重道輕文，甚至取消文，主張文從「道」中自然流出，朱熹甚至認為「作文害道」。從道學家的文論中，很難看出「通變」主張，「通變」只表現在古文家的文論中。

既然宋代的古文，已獲得正宗地位，為什麼還要進行改革呢？這與宋代的政治情況和文壇現狀有關。北宋初，最高統治者主張修文偃武，比較重要文學與文風，如宋真宗曾下詔禁止浮豔文體，但下詔的真實目的是警告「西崑體」代表人物楊億等人作詩諷刺宮闈。然而下詔並未得到雷厲風行的貫徹，「西崑體」的駢儷文風仍在流行。也有人因看到朝廷主張復古，要「追兩漢之餘，而漸復三代之故」，領會錯了天子的用心，寫古文求深務奇，反而給古文帶來新的弊病。關於這一點，蘇軾在《謝南省主人啟五首》之一《歐陽內翰》中說：

自昔五代之餘，文教衰落，風俗靡靡，日以塗地。聖上慨然嘆

息，思有以澄其源，疏其流，明詔天下，曉諭厥旨。於是招來雄俊魁偉、敦厚樸直之士，罷去浮巧輕媚、叢錯彩繡之文，將以追兩漢之餘，而漸復三代之故。士大夫不深明天子之心，用意過當，求深者或至於迂，務奇者怪癖而不可讀。餘風未殄，新弊復作。大者鏤之金石，以傳久遠；小者轉相摹寫，號稱古文。紛紛肆行，莫之或禁。蓋唐之古文，自韓愈始，其後學韓而不至者，為皇甫湜。學皇甫湜而不至者，為孫樵。自樵以降，無足觀矣。（《蘇東坡全集》〈前集〉卷二十六）

　　此文寫於宋仁宗嘉祐二年（1057）蘇軾中進士之後，也正是歐陽修主盟文壇之時。蘇軾所概述的文風之弊，不僅是五代以後的，還包括唐代古文運動的流弊。他對皇甫湜、孫樵的古文亦有所不滿。孫樵論文是主張以辭高為奇，意深為工的，他的《與友人論文書》說：「古今所謂文者，辭必高然後為奇，意必深然後為工。煥然如日月之經天地，炳然如虎豹之異犬羊矣。」（《孫可之文集》卷三）蘇軾對宋代古文的新弊的指斥更為鮮明：「求深者或至於迂，務奇者怪癖而不可讀」，所以改革的任務還是相當艱巨的。他們又是如何進行革新的呢？對古文家來說，主要在「道」與「文」兩個方面運作。「道」有道統，「文」有文統，對這兩個統來說就是要繼承的問題，也就是「通」的問題。

　　宋代古文家所繼承的道統與文統，是源於韓愈而又有所補充，所補充的對象主要是王通與韓愈，對漢以前的人物，其師法者也略有不同。韓愈的「道」是堯、舜、禹、湯、文、武、周公、孔子、孟軻之道，認為自孟子死，其道已不得其傳。宋初的柳開（947-1000）的道統與韓愈略有不同，他自言：「吾之道，孔子、孟軻、揚雄、韓愈之道；

吾之文，孔子、孟軻、揚雄、韓愈之文也。」（《應責》）稍後的孫復亦自言：「吾之所謂道者，堯、舜、禹、湯、文、武、周公、孔子之道也，孟軻、荀卿、揚雄、王通、韓愈之道也。」（《信道堂記》）石開的道統是孔、孟、揚雄、王通、韓愈（見《石徂徠文集·上趙先生書》）。可見宋初古文家的道統是大同小異的，而且古文家的道統與文統是合一的，這是宋代古文家的主要繼承對象。

歐陽修（1007-1072）沒有標榜過自己所宗法的道統與文統，但推論其對「二統」的認識，不會與以上諸人有多大的差別。比如對於韓愈，他少年時代在他的家鄉李氏家得到一部《昌黎先生文集》，正是這部文集，引導他走上了寫作古文的道路，初讀之，「見其言深厚而雄博」，複閱之，則喟然嘆曰：「學者當至於是而止爾。」於是立志學韓而作古文，在他的《記舊本韓文後》一文中[3]，對他自己的學文歷程，所敘頗詳。

郭紹虞先生《中國文學批評史》曾經指出：

宋初之文與道的運動，可以看作韓愈之再生，一切論調主張與態度無一不是韓愈精神之復現。這所謂韓愈精神之復現，最明顯的，即是「統」的觀念。因有這「統」的觀念，所以他們有了信仰，也有了奮鬥的目標，產生以斯文斯道自任的魄力，進一步完成「摧陷廓清」的功績。韓愈之成功在是，宋初人之參加文與道的運動者，其主因也完全在是。[4]

3　見《居士外集》卷二十三《雜題跋》。

4　郭紹虞：《中國文學批評史》，第138頁。

郭紹虞先生的説法，不為無見，但仔細分析，宋代的古文運動也有它自己的特色。韓愈是因文而明道，由學文而及於道，後被朱熹譏為「倒學」。宋初的古文家之重道有點過分，相對地説，對於文，卻沒有給予充分的注意。宋初最早起來反對五代卑弱文風而提倡古文的當推柳開，他給古文下了一個定義：「古文者，非在辭澀言苦，使人難讀誦之，在於古其理，高其意，隨言長短，應變作制，同古人之行事，是謂古文也。」（《河東先生集》〈應責〉）在此基礎上，他又提出行古人之道只能用古文，不能用「今人之文。」他説：「欲行古人之道，反類今人之文，譬乎游於海者，乘之以驥，可乎哉？苟不可，則吾從於古文。」（《河東先生集》〈應責〉）這樣説就有點偏頗了，以後的歐陽修矯正了這種片面的認識。柳開還明確地指出文章是明道的工具。其《上王學士第二書》云：

> 文章為道之筌也，筌可妄作乎？筌之不良，獲斯失矣。女惡容之厚於德，不惡德之厚於容也。文惡辭之華於理，不惡理之華於辭也。

柳開反對「辭之華於理」，卻不反對「理之華於辭」，流露出對文章形式美的輕視，這種流弊已開啟了道學家「文以載道」、「作文害道」的先聲，加上他認為古人之道與今人之道是相同的，把道看作凝固的、不變的，所以他對道與文的看法都比較保守，還不具備「通變」的性質。他的理論，比起韓愈來是倒退了。

韓愈與宋代的古文家雖都是復古，但他們復古的路徑不同。韓愈的復古，是由三代而至兩漢，由儒家的五經而及於《離騷》、《莊子》以及漢代的司馬相如、司馬遷、揚雄，他的文統比道統要寬廣得多。宋代古文家的復古，其路徑是由近而遠，即「由有唐而復兩漢，由兩

漢而復三代」（范仲淹《賦林衡鑑序》）。這不是范仲淹一人的觀點，前引蘇軾的《謝南省主人啟五首・歐陽內翰》也曾説過「將追兩漢之餘，以復三代之故」，看來這是當朝皇帝的意旨。歐陽修也説過類似的話，他批評脱離實際、侈談古道的人「述三皇太古之道，捨近取遠，務高言而鮮事實，此少過焉」（《與張秀才第二書》）。

歐陽修在道與文的關係上，頗富有「通變」的色彩，而且有不少新意。在道與文的關係上，他雖然主張「道勝者文不難而自至」（《答吳充秀才書》），似乎有重道輕文的趨向，但他又要求「事信言文」。在《代人上王樞密求先集序書》中説：「君子之所學也，言以載事，而文以飾言，事信言文，乃能表見於後世。」[5]這説明他對語言形式的美並非不重視。而且他對道的理解也是有新意的。他所謂的「道」雖是文武周公孔孟之道，但他強調的是對現實有積極作用的「道」。在《與張秀才第二書》中，他説：

> 君子之於學也，務為道。為道必求知古。知古明道，而後履之以身，施之於事，而又見於文章而發之，以信後世。其道，周公孔子孟軻之徒常履而行之者是也。其文章，則六經所載，至今而取信者是也。其道易知而可法，其言易明而可行。……孔子之後，惟孟軻最知道，然其言，不過教人樹桑麻、畜雞豚，以謂養生送死為王道之本。夫二典之文，豈不為文，孟軻之言道，豈不為道。而其事乃世人之甚易知而近者，蓋切於事實而已。（《居士外集》卷十六）

由此可見，歐陽修所説的「道」，雖然是孔孟之道，卻強調「道」

5　陶秋英編：《宋金元文論選》，人民文學出版社1999年版，第85頁。

與國計民生有密切關係的方面，強調了切近與實用。他以孟子為例，把孟子的樹桑麻、養雞豚與養生送死，視為道之根本，比起空談仁義道德來，更具有現實意義和實踐意義，在當時亦具有進步意義，雖名曰「復古」，實乃復中含變。

對於文的方面，歐陽修主張「自立」，所謂「自立」，與韓愈的「自樹立，不因循」是一個意思，強調的是獨立的創造性，是日新而不竭。在《與樂秀才第一書》中，他說：

> 《易》之〈大畜〉曰：「剛健篤實，輝光日新。」謂夫畜於內者實，而後發為光輝者日益新而不竭也。……今之學者或不然，不務深講而篤信之，徒巧其辭以為華，張其言以為大。夫強為則用力艱，用力艱則有限，有限則易竭；又其為辭不規模於前人，則必屈曲變態以隨時俗之所好，鮮克自立。此其充其中者不足，而莫自知其所守也。[6]

在文辭的運用上他反對兩種傾向：一是「規模前人」的變相模擬剽竊，一是屈曲變態以迎合時俗。既反對古奧與模擬，又反對生澀的造語，提倡流暢自然。曾鞏對歐陽修此點看得很清楚，他在《與王介甫第一書》中曾說：「歐公更欲足下少開廓其人，勿用造語及模擬前人。……歐云：孟韓文雖高，不必似之也，取其自然耳。」[7]崇尚自然正是宋代人的審美觀，詩文無不是如此。韓愈雖主張「唯陳言之務去」，戛戛獨造，但有追求奇險、流於艱深的傾向。歐陽修在理論上與創作實踐上都糾正了這種傾向。他們雖同是「以復古為通變」，卻又有

6　陶秋英編：《宋金元文論選》，第82頁。

7　《曾鞏集》卷十六，中華書局1984年版，第225頁。

所不同。歐陽修的革新就在於此。

　　歐陽修與韓愈的又一不同點是，韓愈提倡古文而反對駢文，柳
開、石介也排斥駢文，歐陽修並不排斥駢文，在《試筆》〈蘇氏四六〉
中，他對蘇洵、蘇軾的四六文給予了頗高的評價：

　　往時作四六文者，多用古人語及廣引故事，以炫博學，而不思述
事不暢。近時文章變體，如蘇氏父子以四六敍述，委曲精盡，不減古
人。自學者變格為文，迨今三十年，始得斯人。[8]

　　駢散之爭在歷史上延續了近千年，事實上兩者都符合漢字的語言
美，誰也打不倒誰，都不違反漢語的自然規律。歐陽修提倡古文，但
又沒有古文家的偏見，殊為難能可貴。這也可能是善識「通變」的緣
故。

　　蘇軾（1037-1101）的文論，與宋代的古文家又有所不同。他雖然
出自歐陽修門下，文藝思想與歐陽修頗多不同，他不打復古的旗號，
也不標榜自己繼承的道統，實際上他的思想比歐陽修複雜得多，他可
以說是個雜家，儒、道、釋、縱橫家乃至陰陽五行，對他都有影響。
他突破了儒道的侷限，在道與文的關係上，也突破了歐陽修的「道勝
者文不難而自至」的侷限，專意為文，而更重文學內部規律的探討，
其思想有不少離經叛道之處。又要求創作自由，為此他要求衝破一切
羈絆。蘇軾的文藝思想具有新變派的特色，而且對明代的公安派、竟
陵派影響頗大。我們留待下編「新變」範疇中論述。下節略敍宋代文
論家所使用的與「通變」相關的範疇。

8　　《歐陽修全集》，中國書店1994年版，第1051頁。

第八節　宋代文論中與「通變」相關的範疇

宋代的文論家，使用「通變」這一範疇的並不多見。就筆者所見，宋代第一個使用「通變」一詞的是柳開，其《昌黎集後序》云：

> 先生之於為文，有善者益而成之，有惡者化而革之。各婉其旨，使無勃然而生於亂者也。……觀先生之文詩，皆用於世者也。與《尚書》之號令，《春秋》之褒貶，《大易》之通變，《詩》之風賦，《禮》、《樂》之沿襲，經之教授，《語》之訓導，酌于先生之心，與夫子之旨，無有異趣者也。[9]

「善者益而成之」就是繼承，「惡者化而革之」就是革新，二者結合，就是「通變」。該文說韓愈的文詩，以六經為旨歸，合乎《易經》的「通變」之道。柳開是否讀過《文心雕龍》，我們尚難斷定，即使讀過《文心雕龍》，在此處他也不會提《文心雕龍》。在古文家柳開的心目中，六經與聖人是不可與劉勰同日而語、相提並論的。

蘇軾使用過「通變」一詞，其《與李端伯寶文》第二書云：

> 張君房助教，陵井人。本治儒術，已而為醫，有過人者。識病通變，而性極厚。（《蘇東坡全集》〈續集〉卷六）

這裡的「通變」指通曉變化之理，雖源於《易傳》，但與文論無關，而是論醫藥之術的。

宋初的田錫（940-1003），論文將「常」與「變」對舉，認為文有

9　陶秋英編：《宋金元文論選》，第11-12頁。

「常」有「變」，其《貽陳季和書》[10]云：

　　錫觀乎天之常理，上炳萬象，下覆群品，顥氣旁魄，莫際其理，世亦靡駭其恢廓也。若卒然雲出連山，風來邃谷，雲與風會，雷與雨交，霹靂一飛，動植咸恐，此則天之變也。亦猶水之常性，澄則鑑物，流則有聲，深則窟宅蛟龍，大則包納河漢，激為怒潮，勃為高浪，其進如萬蹄戰馬，其聲若五月豐隆，駕於風，蕩於空，突乎高岸，噴及大野，此則水之變也。非迅雷烈風，不足傳天之變；非驚潮高浪，不足形水之動。

　　夫人之有文，得其道，則持政於教化；失其道，則忘反於靡曼。孟軻、荀卿得大道者也，其文雅正，其理淵奧。厥後揚雄秉筆，乃撰《法言》；馬卿同時，徒有麗藻。邇來文士，頌美咸闕，銘功贊圖，皆文之常態也。若豪氣抑揚，逸詞飛動，聲律不能拘於步驟，鬼神不能秘其幽深，放為狂歌，目為古風，此所謂文之變也。李太白天付俊才，豪俠吾（疑當作悟）道。觀其樂府，得非專變於文歟！樂天有《長恨》詞、《霓裳曲》、五十諷諫，出人意表，大儒端士，誰敢非之！何以明其然也？世稱韓退之、柳子厚，萌一意，措一詞，苟非美頌時政，則必激揚教義。故識者觀文於韓、柳，則警心於邪僻。抑末扶本，躋人於大道可知也！然李賀作歌，二公嗟賞，豈非豔歌不害於正理，而專變於斯文哉！（《咸平集》卷二）

　　田錫以自然界（天、風、水等）之有常有變，喻文之有常有變為

10　陳良運主編：《中國歷代文章學論著選》，百花洲文藝出版社2003年版，第450-451頁。

理之當然。他認為近來文士所作的頌、箴、銘、贊，皆文之常態。劉勰《文心雕龍》〈通變〉篇云：「設文之體有常，變文之數無方。」、「常」指不變的體式。田錫所舉四種文體，均有不變的體式法度，故稱「有常」或「常態」。至於「文之變」，則是多種多樣的。如李白的《古風五十九首》「豪氣抑揚，逸詞飛動」，打破了聲律的束縛，雖名為古風，實為變古，是「文之變」。白居易的《長恨歌》、《霓裳曲》以及新樂府的諷諫詩也是「文之變」。對於韓、柳的作品，他沒有明確指出是「常」還是「變」。但李賀的豔歌獲得韓愈、皇甫湜二公（田錫誤作韓、柳）的嗟賞確是事實。《新唐書》〈文藝傳下〉李賀本傳說：「（李賀）七歲能辭章，韓愈、皇甫湜始聞未信，過其家，使賀賦詩，援筆輒就如素構，自目曰《高軒過》，二人大驚，自是有名。」李賀詩以意新語麗著稱，又愛運用神話傳說，以瑰麗著稱，富有浪漫色彩，同代的兩位古文家其文風與李賀不同，卻能欣賞李賀的詩，這說明什麼呢？韓愈、皇甫湜是以儒道的繼任者自居的，其道統與文統是「有常」的，而李賀是「專變於文」的人，這種對立卻能在藝術欣賞中獲得統一，是因為「豔歌不害於正理」，也就是「變而不失其正」。這說明「常」與「變」是對立的統一。所以可以說「常」與「變」是與「通變」相關的範疇。

　　宋初的石介，還提出過「剝」與「復」一對範疇。其《上張兵部書》云：

　　介嘗讀《易》至〈序卦〉曰：「剝者剝也。物不可終盡，故受之以復。」斯文也，剝且三十年矣。剝之將盡，其黨朋進不已者。堯舜禹之道剝於癸（指夏桀——引者注），天受之湯，堯舜禹之道復。湯之道剝於受（指紂王——引者注），天受之文武周公，湯之道復。文武周公之道剝於幽、厲，天受之孔子，文武周公之道復。孔子之道始剝於楊

墨，中剝於莊、韓，又剝於秦、莽，又剝於晉宋齊梁陳五代，終剝於佛老，天受之孟軻、荀卿、揚雄、王通、韓愈，孔子之道復。

　　今斯文也，剝已極矣而不復，天豈遂喪斯文哉？斯文喪，則堯舜禹湯周公孔子之道不可見矣。嗟夫！小子不肖，然每至於斯，未嘗不流涕橫席，終夜不寐也。顧己無孟軻荀卿揚雄文中子吏部之力，不能亞復斯文，其心亦不敢須臾忘，此為執事者憐之。[11]

　　撇開石介的虔誠衛道不談，從他的「剝」與「復」的循環圈中，可以看到盛衰遞變的「通變」思想，而這種思想的哲學基礎，便是《周易》的「陰陽剝復」。《周易》的〈序卦〉是解釋六十四卦順序的，「剝」與「復」都是卦名，《剝卦》在六十四卦中的順序是二十三，《復卦》為二十四。《剝》卦五陰爻在下，一陽爻在上。陰為柔，陽為剛。此乃五柔之勢力甚盛，一剛之勢力甚微，柔足以改變剛，是為「柔變剛」。柔變剛則剝落。如自然界，陰氣為柔，陽氣為剛，冬季陰氣盛，陽氣微，陰氣壓倒陽氣，則萬物剝落。如社會，無才德之小人為柔，有才德之君子為剛，小人之勢力眾強，君子之勢力孤弱，小人之勢力壓倒君子之勢，則國家剝落（用高亨《周易大傳今注》說）。《復》卦只有初爻為陽爻，為剛，其上五爻皆為陰，為柔。然則《復》之爻像是剛已生成。君子為剛，故此乃象君子之勢力已生長。由「剝」至「復」，往復循環，乃天地之中心規律。石介借此說明道與文的「剝」與「復」的往復循環，認為他所處的時代，正是儒道與古文剝落的時代，亟於復古，以變革時弊，已含「通變」之義。劉勰《文心雕龍》〈通變〉篇

11　陶秋英編：《宋金元文論選》，第64頁。

有「文律運周」之言，也指的是這個循環圈。故「剝」與「復」可視為與「通變」相關的範疇。

宋初除石介外，范仲淹論文，也曾將「剝」與「復」對舉成文。其《唐異詩序》云：

> 五代以還，斯文大剝；悲哀為主，風流不歸。皇朝龍興，頌聲來復。大雅君子，當抗心於三代。[12]

這種「陰陽剝復」的説法，明代的王世貞又有所發揮。他説：

> 衰中有盛，盛中有衰，各含機藏隙。盛者得衰而變之，功在創始；衰者自盛而沿之，弊由趨下。……此雖人力，自是天地間陰陽剝復之妙。（《藝苑厄言》卷四）

看來王世貞對石介、范仲淹的陰陽剝復又有所發展，並對清代葉燮的《原詩》論述詩歌發展的盛衰互變，產生了一定的影響。

12　陶秋英編：《宋金元文論選》，第45頁。

第四章

明代文論中的「通變」

　　明代是復古主義頗為盛行的時代，也是復古派與新變派鬥爭頗為激烈的時代。明初的宋濂（1310-1381）在其文論著作中就有師古尊經的主張。他說：

> 事不師古，則苟焉而已。……能師古則反事。然則所謂古者何？古之書也，古之道也，古之心也。道存諸心，心之言形之書，日誦之，日履之，與之俱化，無間古今也。（《師古齋序》）

　　他把古道、古心看成是萬古不變之物，其師古尊經很難說與「通變」有多少關係。但宋濂在「師古」的同時也有些創新和主變的議論。他在《蘇平仲文集序》中說：

> 古今之勢不同，……吾苟不能應之以變通之術，其不敗覆者難

哉！為文何以異此。古之為文者未嘗相師，鬱積於中，攄之於外，而
自然成文。其道明也，其事核也，引而申之，浩然而有餘，豈必竊取
辭語以為工哉！……近世道漓氣弱，文之不振已甚，樂恣肆者失之駁
而不醇，好模擬者拘於局而不暢，合啄比聲，不得稍自凌屬以振盪人
之心目。（《宋文憲公全集》卷二十九）

蓋文至於變，變而無跡可尋則神矣。（《浦陽人物記》〈宋屯田員
外郎於員〉）

雖然為詩當自名家，然後可傳於不朽。若體規畫圓，准方作矩，
終為人之臣僕，尚烏得謂之詩哉！（《宋文憲公全集》卷三十七《答章
秀才論詩書》）

看來他又是反對為文相師，主張變化，由變而達到變化無跡的神
境。而且他十分鄙視模擬，認為模擬的作品不過是用圓規畫圓，准方
作矩，只能為古人當臣僕，不能自成一家，嚴格地說，模擬得來的詩
歌算不上詩。如果將他的師古與創新之說結合起來，多少有點「通變」
的味道。他所用的「變通」與「通變」大體義近。歷史上以復古為「通
變」的人，都有改革時代文風的要求，宋濂認為「近世文之不振已
甚」，也露出改革文風的契機。

方孝孺（1357-1402）在明道宗經的前提下，也提倡作文貴有新奇
之意，「善為文者貴乎奇其意而易其辭」（《贈鄭顯則序》）。他在《時
習齋詩集序》中說：「體之變，時也；不變於時者，道也。」可見他主
張變的範圍主要限定在「體」（風格）方面，而把「道」看成是恆久不
變的。在明道宗經與創新的關係上，其認識與宋濂相近。值得注意的

是方氏使用過「會通」一詞，在《與趙伯欽三首》書信中，有「考道德之會通而揆其實」一語，但此中的「會通」僅限於道德方面，與「通變」尚有距離，而與宋濂稱讚方孝孺「離析於一絲而會歸於大通」（《送門生方孝孺還鄉詩序》）義近，所謂「大通」，指其在明道的前提下能融會貫通百家。

第一節　前、後「七子」的復古與「通變」的關係

在明代，復古理論形成較完整系統的應當是弘治、正德年間活躍於文壇的「前七子」。他們提出的復古主張，是想為明代的詩文創作樹立一個典範，這個典範就是漢文與唐詩，或者說是秦漢文、盛唐詩。他們的繼承對象雖然是狹窄了一點，但他們不提儒家的道統，也不把「道」看成是萬古不變之物，在這一點上要比唐宋古文運動的復古強調復古道更具有積極進步的意義。另外，他們的復古也是與改革文風的要求連繫在一起的。

對於那種粉飾太平的「台閣體」詩文和深受程朱理學影響的「性理詩」，「七子派」對它們是持批判態度的。就整體而論，前、後「七子」大多可以說是「以復古為通變」的，這是就其理論實質而言的。下文以「前七子」的李夢陽（1473-1530）、何景明（1483-1521）和「後七子」的李攀龍（1514-1570）、王世貞（1526-1590）為例，來說明他們在復古與創新方面是如何將兩者統一在一起的。

《明史》〈文苑傳〉云：「夢陽才思雄騖，卓然以復古自命。弘治時，宰相李東陽主文柄，天下翕然宗之，夢陽獨譏其萎弱，倡言文必秦漢，詩必盛唐，非是者弗道。」其實，李夢陽論詩並不專主盛唐，他對於古體詩宗漢魏，近體宗盛唐，而七古則兼及初唐。他曾說：「夫詩

有七難，格古、調逸、氣舒、句渾、音圓、思沖，情以發之，七者備
而後詩昌也。」（《潛虯山人記》）可見他的詩歌美學觀是崇尚「格古」、
「調逸」的。他又受《滄浪詩話》師第一義、取法乎上僅得其中的影
響，漢文、唐詩都是第一義，近體詩又始盛於唐，所以「文必秦漢，
詩必盛唐」正體現他所追求的「格古」、「調逸」的美學要求。而且他
的學古人之高格，又是與學古人之法連繫在一起的。他並且認為，法
是規矩，是標準，而且是可以變化的，而法的變化是「因質順勢，融
而不自知。於是為曹為劉為阮為陸，為李為杜，……此變化之要也。
故不泥法而法嘗由，不求異而其言人人殊」（《駁何氏論文書》）。李夢
陽對詩下過兩個定義：一是「夫詩者，天地自然之音也」（《詩集自
序》），這雖是引別人的話，卻代表了他的觀點；一是「夫詩，比興錯
雜，假物以神變者也」（《缶音序》）。後者強調了詩歌藝術表現的多變
性。李夢陽的文論，含有不少矛盾：一方面強調古之高格，卻又說「真
詩乃在民間」（《詩集自序》）；一方面主模擬，提出作文如同「臨摹古
帖，即太似不嫌」（《再與何氏書》），卻又說詩是「天地自然之音」，
這些矛盾卻統一在他一人身上。但從整體看，他的復古帶有擬古的傾
向，而且是復多變少，「參古定法」有餘，「望今制奇」太少，「通變」
在他的復古理論體系中表現得不夠典型。

　　何景明的文論，在復古的大前提上與李夢陽沒有分歧。同樣是「文
稱左、遷，賦尚屈、宋，詩古體宗漢、魏，近律法李、杜」（《皇明名
臣言行錄》）。分歧在於如何學古，如何師古人之法上。何景明主張學
古要「富於材積，領會神情，臨景構結，不仿形跡」（《與李空同論詩
書》）。其重在於師心自運，在得古人神理的前提下，還要有自己的發
揮創造，即所謂「臨景構結」。從「形」、「神」關係而言，他所追求的
是神似古人而不是形似古人。用他自己的話說，這是「以有求似」，

「有」是屬於自我的，包括自己的創造。他的「富於材積」，就是通過對古代優秀文學遺產的博取、飽參以積累自我的「有」。他認為古代「各擅其時，並稱能言」的作家，其成功的原因在於「皆能擬議以成其變化也」（《與李空同論詩書》）。此句話出自《易》〈繫辭下〉：「擬之而後言，議之而後動，擬議以成其變化。」、「擬議」是比擬、討論之義。對《易經》來說是用卦爻比擬天下至雜至動的事物，然後加以討論，以定事物之變化。借用於文論，「擬議」指在創作上先揣度前人的作品並加以議論，是指借鑑的過程，這是創作前的周密考慮。「擬議以成其變化」是「通變」的同義語。對於「以復古為通變」的文論家來說，這句話是他們經常引用的。在《周易》主變精神的影響下，何氏的文學發展觀基本上還是「推類極變」、反對沿襲主張創新的。他說：

　　僕觀堯、舜、周、孔、子思、孟氏之書，皆不相沿襲，而相發明，是故德日新而道廣，此實聖聖傳授之心也。……今為詩不推類極變，開其未發，泯其擬議之跡，以成神聖之功，徒敘其已陳，修飾成文，稍離舊本，便自杌隉。如小兒倚物而行，獨趨顛仆。……佛有筏喻，言舍筏則達岸矣，達岸則舍筏矣。（《何大復先生集》卷三十三《與李空同論詩書》）

　　其觀點是可取的，其創新的要求是頗為強烈的，超過唐宋「以復古為通變」的古文家和詩論家，這種思想與李夢陽是大相逕庭的。其「通變」的理論形態已較完備。正因為此，所以他批評李夢陽「刻意古範，鑄形宿鏌，而獨守尺寸」（《與李空同論詩書》）他學古的目的是要「自創一堂室，開一戶牖，成一家之言」（《與李空同論詩書》）。對他來說學古只是一種手段，是為了達到彼岸、創造自我的工具——

筏，「舍筏則達岸」，「達岸則舍筏」。在詩文的創作上，他強調「實其質」，反對「虛其質，而求之聲色之末」，並主張「通古今」、「攝眾妙」、「出萬有」。如果說李夢陽的復古沒有擺脫擬古的窠臼，那麼何景明的復古已含變古了，或者說是以「通變」而名為復古。

「後七子」的領袖人物李攀龍，是李夢陽的追隨者，自言「今之作者，論不與李獻吉輩者，知其無能為已」（《送王元美序》）。對於詩文諸體，以始盛之時代為師法標準，認為「秦漢以後無文」（《答馮通府》）。在詩歌方面，於樂府五古宗法漢魏，於近體則宗盛唐，認為「唐無五古詩，而有其古詩。陳子昂以其古詩為古詩，弗取也。七言古詩唯杜子美不失初盛氣格，而縱橫有之。太白縱橫，往往強弩之末，間雜長語，英雄欺人耳。至如五七言絕句，實唐三百年一人，蓋以不用意得之，即太白亦不自知。……一五言律、排律，諸家概多佳句。七言律體，諸家所難，王維、李頎頗臻其妙。即子美篇什雖眾，憒然自放矣」（《選唐詩序》）。其師法取第一義，亦與李夢陽相近。但其對「法」的認識上，與夢陽有所不同：李夢陽認為法是可變的，他則認為文章之法已盡備於古人，對古人之法「不必有所增損」，古人作品「其成言班如，法則森如也，吾撼其華而裁其衷，琢字成詞，屬辭成篇，以求當於古之作者而已」（王世貞《李於鱗先生傳》）。這樣就只能字模句擬了，所以他反對「法自己立」。（《王氏存筍稿跋》）這比李夢陽又倒退了一步。李夢陽的復古，本來就含擬古的傾向，李攀龍又把這種傾向進行了惡性的發展，形成典型的「模擬」論，這種觀點比較完整地表現在《古樂府序》中：

　　胡寬營新豐，士女老幼相攜路首，各知其室，放犬羊雞鶩於通涂，亦競識其家，此善用其擬者也。至伯樂論天下之馬，則若滅若

沒，若亡若失，觀天機也。得其精而忘其粗，在其內而忘其外，色物
牝牡一弗敢知，斯又當其無有擬之用矣。古之為樂府者，無慮數百
家，各與之爭，片語之間，使雖復起，各厭其意，是故必有以當其無
有擬之用；有以當其無有擬之用，則雖奇而有所不用也。《易》曰：「擬
議以成其變化」，「日新之謂盛德」。不可與言詩乎哉？[1]

　　他把胡寬營造新豐，能使男女老幼各知其室，犬羊雞鶩各識其
家，比之為善於模擬，但新豐比起劉邦的故里古豐（今江蘇豐縣）來，
究竟是模擬之物，充其量不過是以假亂真而已，不可能有所變化，更
不允許創造，僅僅是得其形似而已。而伯樂的相馬，把眼前的馬視為
好像不存在似的，不看皮相，不辨馬色與雌雄，只相其天機風神，得
其精而忘其粗，重在內部氣質而忘其外表，這就是李攀龍所謂「有以
當其無有擬之用」，用之於詩文創作來說，這是一種不露形跡的高級模
擬，這種觀點看似吸收了何景明的「領會神情，臨景構結，不仿形
跡」，卻把何景明「臨景構結」的主變主創的一面給丟掉了。李攀龍雖
然也引用了《易經》的兩句話——「擬議以成其變化」，「日新之謂盛
德」，但他的有限的「變」是建立在擬議的基礎之上的，而他所謂的
「擬議」又要求絕對的像，就像胡寬營建新豐一樣，這樣的「擬議」無
法達到「日新之謂盛德」的境界。我們且看他是如何模擬古樂府《陌
上桑》的：

　　日出東南隅，照我西北樓。樓上有好女，自名秦羅敷。羅敷貴家
子，足不逾門樞。性頗喜蠶作，採桑南陌頭。上枝結籠系，下枝掛籠

1　　李伯齊校點：《李攀龍集》卷一，齊魯書社1993年版。

鉤。墮髻何繚繞，顏色以敷愉。緗綺為下裙，紫綺為上襦。行者見羅
敷，下擔捋髭鬚；少年見羅敷，脫帽著帩頭。耕者忘其犁，鋤者忘其
鋤。來歸但怨怒，且復坐斯須。[2]

全詩三大段，我們只引一解，余可概見，通篇只是改頭換面地抄
襲剽竊漢樂府原作。還有等而下之的，如《孤兒行》：「孤兒生，孤兒
生，命不如一抔土。父母在時，坐長筵，雷大鼓。父母已去，兄嫂令
我報府。今年護羌，明年擊胡虜。六月來歸，不得自言苦。」如此等
等，讀之令人生厭。難怪謝肇淛批評他説：「於鱗饒歌樂府，掇拾漢人
唾余，而謂日新之為盛德，將誰欺乎！」（《小草齋詩話》〈外編〉）

總之，李攀龍的復古實質是擬古，還談不上「以復古為通變」。

第二節　王世貞的「通變」論和「陰陽剝復」説

王世貞（1526-1590）可以説是明代「以復古為通變」的集大成者，
他也是「文必秦漢，詩必盛唐」的鼓吹者，認為「西京之文實。東京
之文弱，猶未離實。六朝之文浮，離實矣。唐之文庸，猶未離浮也。
宋之文陋，離浮矣，愈下也。元無文。」（《藝苑巵言》卷三）在詩歌
方面，於五言古詩、《選》體，他師法漢魏，於近體則宗法盛唐，此點
亦與「前七子」的李夢陽、何景明相近。嘗言：

五言古、《選》體及七言歌行，太白以氣為主，以自然為宗，以俊
逸高暢為貴；子美以意為主，以獨造為宗，以奇拔沉雄為貴。其歌行

2　李伯齊校點：《李攀龍集》卷一，第13頁。

之妙，詠之使人飄揚欲仙者，太白也；使人慷慨激烈，歔欷欲絕者，
子美也。《選》體，太白多露語率語，子美多稚語累語，置之陶、謝
間，便覺傖父面目，乃欲使之奪曹氏父子位耶？五言律、七言詩行，
子美神矣，七言律，聖矣。五七言絕，太白神矣，七言歌行，聖也，
五言次之。太白之七言律，子美之七言絕，皆變體，間為之可耳，不
足多法也。（《藝苑卮言》卷三）

可見其宗法，是因詩體之不同而為所有不同的。又說：

世人《選》體，往往談西京、建安，便薄陶、謝，此似曉不曉者。
毋論彼時諸公，即齊、梁纖調，李、杜變風，亦自可採。貞元而後，
方足覆瓿。大抵詩以專詣為境，以饒美為材，師匠宜高，捃拾宜博。
（《藝苑卮言》卷一）

七言絕句，盛唐主氣，氣完而意不甚工；中晚唐主意，意工而氣
不甚完。然各有至者，未可以時代優劣也。（同上卷四）

上言「齊、梁纖調」亦有可採，盛唐與中晚唐的絕句，各有所至，
不當以時代優劣，即不當以盛唐為優，中晚唐為劣，這還是通達之
論，突破了「詩必盛唐」之說。

王世貞論文，不是泥古不化的，他的崇古與尚變是兼融會通的。
他說：

自西京以還，至於今千餘載，體日益廣而格日益卑，前者毋以盡
其變，而後者毋以返其始。嗚呼！古之不得盡變，寧古罪哉！今之不

能返其始，其又何辭也矣。明興，操觚而樹門戶者非一家，而能稱返古者，北地（指李夢陽——引者注）之後毋如歷下生（指李攀龍——引者注）。歷下之於變，小有所未盡；而北地之所謂盡，則大有所未滿者也。（《劉侍御集序》）

　　所謂「盡其變」，即窮其變化，所謂「返其始」，即恢復始盛之時的高格，以救今日之格卑。今人沒做到這一點，所以難辭其咎。「返古」即復古，囿於門戶之見，他抬高了李夢陽與李攀龍的地位，但同時對他們又有所不滿，所不滿之點正在於「變」不足。對於李夢陽與何景明的爭論，他是傾向於何的，曾說：「然而正變雲擾，剽擬雷同，信陽之舍筏，不免良箴；北地之效顰，寧無私議？」（《藝苑卮言》卷五）尤其不滿李攀龍剽竊模擬，他指出：「於鱗擬古樂府，無一字一句不精美，然不堪與古樂府並看，看則似臨摹帖耳。五言古，出西京建安者，酷得風神，大抵其體不宜多作，多，不足於盡變，而嫌於襲；排律比擬沈、宋，而不能盡少陵之變。……銘辭奇雅而寡變。」（《藝苑卮言》卷七）說李攀龍擬古樂府無一字一句不精美，五言古得西京建安之風神，未免過顰；說李之擬古樂府如同臨摹古帖，各種文體之寫作都是變不足，確能擊中李氏的要害。進而，王世貞又指出：「剽竊模擬，詩之大病。……近日獻吉『打鼓鳴鑼何處船』語，令人一見匿笑，再見嘔噦，皆不免為盜跖、優孟所訾。」（《藝苑卮言》卷四）
　　王世貞不僅對李攀龍詩文創作的剽竊模擬進行了尖銳的批評，而且還對他的不知革新創造的理論提出異議：

　　李於鱗文無一語作漢以後語，亦無一字不出漢以前。其自敘樂府云：「擬議以成其變化。」又云：「日新之謂盛德。」亦此意也。若尋端

擬議以求日新，則不能無微憾。（《藝苑卮言》卷七）

　　於鱗居恆謂「富有之謂大業」、「日新之謂盛德」、「擬議以成其變化」為文章極則。余則以日新之與變化，皆所以融其富有擬議者也。間欲與於鱗及之，至吻瑟縮而止，不得其絕響於足下也。（《與屠長卿書》）

　　由擬議而求日新、求變化，其結果仍然侷限於擬議，所以李攀龍的擬古樂府如同臨摹古帖一樣。王世貞則與他相反，將日新與變化放在第一位，用它來融會富有與擬議，這樣就突出了「變」，從而把復古納入「通變」的軌道之中，這是他高出於其他前、後「七子」的地方，也是他對復古理論的修正。

　　值得注意的是王世貞以「復古為通變」的理論，還表現對於對立范疇的協調與折中上。他使用了「劑」的方法，以使對立的概念互相協調，互相補充，以達到綜合溝通。在古與今的對立上，他要求「能於古調上作新語」（《章子敬詩小引》）。在「才」與「格」、「意」與「象」、「正」與「變」、「文」與「質」等對立的範疇上，他都用兼「劑」的方法以求得諧和之美。如說：

　　意足於象，才劑於格，縱之可歌，而抑之可諷。（《徙倚軒稿序》）

　　外足於象，而內足於意；文不滅質，聲不浮律。（《於大夫集序》）

　　語不云乎：「有物有則。」能極其則，正亦可，變亦可。（《蒙溪先生集序》）

　　劉勰《文心雕龍》〈通變〉篇云:「斟酌乎質文之間,而矙括乎雅俗之際,可與言通變矣。」他在「文」與「質」、「雅」與「俗」之間斟酌、控引、折中來求「通變」,目的是求得諧和之美與適變。王世貞的「劑」也是在綜合折中中求協調。王世貞是看過《文心雕龍》的,《藝苑卮言》卷一引《文心雕龍》的文字涉及該書的六篇之多,遺憾的是未引〈通變〉篇的文字,但這不等於王世貞未受劉勰「通變」論的影響,我們認為劉勰的「通變」論在不少方面與王世貞的崇古與主變的結合有許多相通之處。他的「劑」與劉勰的「折衷」亦有相似之處。

　　另外,王世貞由復古到主「變」,由主「變」到看到「變」能救衰,這是此前的文論家所未曾達到的理論高度。其《藝苑卮言》卷四曾說:

　　六朝之末,衰颯甚矣。然其偶儷頗切,音響稍諧,一變而雄,遂為唐始,再加整慄,便成沈、宋。人知沈、宋律家正宗,不知其權輿於三謝,彙綸於陳、隋也。詩至大曆,高、岑、王、李之徒,號為已盛,然才情所發,偶與境會。了不自知其墮者,如「到來函谷愁中月,歸去蟠溪夢裡山」,「鴻雁不堪愁裡聽,雲山況是客中過」,「草色全無細雨濕,花枝欲動春風寒」,非不佳致,隱隱逗漏錢、劉出來。至「百年強半仕三已,五畝就荒天一涯」,便是長慶以後手段。吾故曰:「衰中有盛,盛中有衰,各含機藏隙,盛者得衰而變之,功在創始;衰者自盛而沿之,弊惑趨下。」又曰:「勝國之敗材,乃興邦之隆幹;熙朝之佚事,即衰世之危端」。此雖人力,自是天地間陰陽剝復之妙。

　　這段話透漏出王世貞盛衰互變、盛中有衰,衰中有盛的文學發展變化觀。六朝之末,文風衰變到了極點,但衰中有盛的契機,它在對

偶與音律等形式技巧的講求上，已為由衰至盛的變提供了某些條件，做好了某種準備，也奠定了今後發展的基礎。所以至唐初，一變而為代雄，再加「整慄」（嚴整、嚴謹）便成為沈、宋律詩。人們只知沈佺期、宋之問是律詩的正宗，而不知沈、宋的起始與本源，正在六朝詩人謝靈運、謝混、謝朓和陳、隋作家之中。這就是衰中有盛，也就是說衰能啟盛，但關鍵是變，唯變才能救衰。詩至盛唐已發展到極盛階段，但盛中已有衰，這是因為相沿日久的原因，他舉出盛唐詩人高適、岑參，王昌齡、李頎的詩句，有些已失去盛唐的氣象與風骨，已露出精雕細刻專工對偶的契機，開啟了中晚唐纖巧之風，這就是盛中有衰。又加中晚唐一些詩人有意追求格律的精細，對仗之精工，漸漸成習，詩風或自覺或不自覺地發生變化，格漸卑，始盛已過，不能不漸趨於衰。這是文學的一個發展循環圈，也就是劉勰《文心雕龍》〈通變〉篇所說的「文律運周，日新其業」。劉勰看到了六朝詩歌的變衰，卻未能看到由衰而變，變而復至於盛的現象。文學史的發展實際為王世貞提供了盛衰互變的循環圈的全過程，看到了通變的規律。他的復古，就是再現始盛時期的文學。由於明代已是封建社會的末期，封建正統詩文已難得再現輝煌，他的復古雖旨在救衰補弊，實踐證明復古之路是難以行得通的，但他的「以復古為通變」的理論，卻是有價值的。在宋代部分我們已經指出，宋代的石介和孫復使用過「剝」與「復」，但他們是在極狹窄的意義上使用的。王世貞則大大發展了「陰陽剝復」，用以說明文學發展的盛衰互變，這一點是難能可貴的，且對清代的葉燮《原詩》，產生了較大的影響。

　　從以上所述可知，前、後「七子」並非全是「以復古為通變」的，其分野在於是主模擬還是主創新，是泥古還是尚變，需因人而異，作具體分析，不可一概而論。

　　明代前、後「七子」中的某些人「以復古為通變」，雖可視為「通變」的一種形態，但並不是完整而系統的「通變」理論。「通變」是繼承與革新的統一，而繼承雖以古代文學遺產為對象，但並不等於復古，何況「文必秦漢、詩必盛唐」的主張，從繼承師法的對象看，取徑也太狹窄了，這一點連「後七子」的領袖人物王世貞也覺察到了。他曾說：「李獻吉勸人勿讀唐以後文，吾始甚狹之，今乃信其然耳。記聞既雜，下筆之際，自然於筆端攪擾，驅斥為難。若模擬一篇，則易於驅斥，又覺侷促，痕跡宛露，非斫輪手。自今而後，擬以純灰三斛，細滌其腸，日取六經、《周禮》、《孟子》、《老》、《莊》、《列》、《荀》、《國語》、《左傳》、《戰國策》、《韓非子》、《離騷》、《呂氏春秋》、《淮南子》、《史記》、班氏《漢書》，西京以還至六朝及韓、柳，便需詮擇佳者，熟讀涵詠之，令其漸漬汪洋。遇有操觚，一師心匠，氣從意暢，分途駕馭，默受指揮，台閣山林，絕跡大漠，豈不快哉！」（《藝苑卮言》卷一）這種說法，既道出了「七子」派復古的侷促、狹窄及其形成的原因，也道出了轉益多師、突破「文必秦漢，詩必盛唐」的侷限，總算多少有點覺悟，於博取中求「通變」。復古派的「通變」是以復古為大前提的，其主變只能在有限的範圍之內，他們只知用復古來救衰補弊，他們中的大多數人而不知「救衰求變」，王世貞還算較通達的人，他能認識到「衰中有盛，盛中有衰」的道理，故能高出同時代文論家一籌。

第三節　許學夷的「通變」論

　　現在我們附帶再談談許學夷（1563-1633）的「通變」論。深受前、後「七子」復古思想影響的許學夷，把明代的復古視為當然，卻反而

指責公安派的袁中郎「不識通變」。他說：

> 　　袁中郎論詩。……其論騷、雅之變，至於歐、蘇，無甚乖謬，至
> 論國朝諸公，惡其法古。於汪、王論詩，謂為「雜毒入人」。故一入正
> 格，即為詆斥；稍就偏奇，無不稱賞。於吳中極貶昌穀、元美，而進
> 吳文定、王文恪、沈石田、唐伯虎諸人，以是壓服千古，難矣。予嘗
> 謂：漢、魏、唐人，自創立則長，仿古人則短；國朝人，仿古人則
> 長，自創立則短。論者謂「漢、魏不能為《三百》，唐人不能為漢魏，
> 李、杜諸公無古樂府」，既不識通變之道，謂「國朝人多法古人，不能
> 自創自立」，此又論高而見淺，志遠而識疏耳。（《詩源辯體》卷三十
> 五）

　　明代為什麼特殊，漢、唐諸代自創立則長，為什麼明代偏偏就不
能自創立非要仿古人不可呢？他並沒說出原因，這不過是為明代的復
古強作辯解，實際並沒什麼道理。他反而指責公安派不識「通變」，公
安派是「新變」派，不主張「通變」而主創新，站在復古立場上的許
學夷自然認為他們「不識通變之道」。許氏沒有給「通變」以任何詮
釋，但不難看出，他所理解的「通變」與復古是有密切關係的。筆者
在「正變」部分已經指出，許氏論詩之旨在於「審其源流，識其正
變」，又主張「先正後變」，「變而不失其正」，所以他的「通變」含有
「正變」之義。這是其一。有時他又賦予「通變」另外一種含義，指風
格方面的兼濟、多變。他對「後七子」的七言律詩，一方面評價甚高，
一方面又批評他們「不能通變」：

> 　　嘉靖七子七言律，碩大高華，精深奇絕，……氣象籠蓋千古，惟

溫雅和平稍乖，不能不遜弘、正諸子（前七子）耳。（《詩源辯體後集
纂要》卷二）

　　又云：

　　詩之碩大高華，譬食味之有牢牲；享宴之品雖眾，然必以牢牲為
先，胡元瑞（胡應麟）謂「詩富碩則格調易高，清空則體氣易弱」是
也。七子七言律碩大高華者多，而溫雅和平者少，只是不能通變。
（《詩源辯體後集纂要》卷二）

　　此處的「通變」殆指「碩大高華」與「溫厚和平」兼濟互通，含
有折中於兩種風格之義。但許氏讚美「七子」之七律，未免過譽，這
是門戶之見在作怪。他接著說：「今之宗中郎者，於『七子』之語而盡
默之，是猶享宴而盡廢牢牲也，不惟失體，且不知正味矣。」（《詩源
辯體後集纂要》卷二）更加暴露出宗「七子」貶公安派的門戶之見。
　　但許氏終究是主變的，他對「七子」與公安派的論詩主張，多少
有所綜合，也吸收了公安派的某些觀點。如說：「元美（王世貞）、元
瑞（胡應麟）論詩，於正者雖有所得，於變者則不能知。袁中郎於正
者雖不能知，於變者實有所得。中郎云：『至李、杜而詩道始大。韓、
柳、元、白、歐，詩之聖也；蘇，詩之神也。』以李、杜、柳與四家並
言，固不識正變之體；以韓、白、歐為聖，蘇為神，則得變體之實
也。」（《詩源辯體後集纂要》卷一）這說明明代互相對立的派別，經
過互相辯論之後，有時也會吸收對方的觀點，使自己的理論更加完
備，許氏的主變，有可能受到公安派的影響。
　　許學夷心目中的「以復古為通變」，大約是復古占其主要。他反對

自立門戶，嘗言：「蓋詩之門戶前人既已盡開，後人但七分宗古、三分
自創，便可成家。」（《詩源辯體後集纂要》卷二）但一味地慕古而不
曉通變，又是他所反對的。其《詩源辯體》卷十八云：

　　漢魏五言及樂府雜言，猶秦漢之文也。李、杜五言古及七言歌
行，猶韓、柳、歐、蘇之文也。秦、漢、四子各極其至，漢魏、李杜
亦各極其至焉。何則？時代不同也。論詩者以漢魏為至，而以李杜為
未極，皆慕好古之名而不識通變之道者也。夫秦漢、漢魏，猶可模擬
而得；四子、李杜，未可模擬而得也。不能摹擬而諱言未極，此非欺
人，適自欺耳。

　　這段話似有針對性，但不是針對公安派而可能是針對「七子」派
的「詩必盛唐」而發，因為「四子」是中晚唐及宋代詩人。《詩源辯體》
運用「通變」這一範疇，大約有這樣幾處，含義亦有所不同。

第五章

清代文論中的「通變」

清代是兩千年的封建社會的末端，文論家對兩千年來文學的遞嬗演變，對文學發展的盛衰互變的循環圈，對明代「復古」派與「新變」派的流弊，應當說比任何時代都看得更清楚，他們也有條件進行總結，認識也更深刻，是對「通變」進行總結的歷史階段。而這種總結，最突出的表現在葉燮的《原詩》中。前已指出，明末清初的「正變」論，已不僅是學術問題，還是政治問題。而「通變」論似乎離政治遠了一點，還是一個學術問題，因為對文學遺產的繼承與革新，是每個時代甚至是每個文論家不可迴避的問題，但本書只能用舉隅的方法，選擇有代表性的幾家，對之作簡略的論述。

第一節　顧炎武的「通變」論

顧炎武（1613-1682）論詩，主張在寫詩時，既然要運用前人創造

的各種詩體，就要在體式上合乎古人的體式要求，但他把這種「用一代之體，則必似一代之文」叫作「合格」，但僅僅「合格」是不夠的，他要求「合格」與獨創二者的結合。他說：

　　《三百篇》之不能不降為《楚辭》，《楚辭》之不能不降而為漢魏，漢魏之不能不降而為六朝，六朝之不能不降而為唐也，勢也。用一代之體，則必似一代之文，而後為合格。

　　詩文之所以代變，有不得不變者。一代之文，沿襲已久，不容人人皆道此語。今且千數百年矣，而猶取古人之陳言一一摹仿之，以是為詩可乎？故不似則失其所以為詩，似則失其所以為我。李杜之詩之所以獨高於唐人者，以其未嘗不似而未嘗似也。知此者，可與言詩也已矣。（《日知錄》卷二十一《詩體代降》）

　　顧氏肯定了詩文代變是勢之必然，各代之詩文，不變的是體式。這就是《文心雕龍》〈通變〉篇所說的「設文之體有常」。對有常之體要求其似，但「一代之文，沿襲已久」，就不能不有所變化，有所創新，不能「取古人之陳言而一一摹仿之」，模仿就會失掉作者的自我，所以要求折中於似與不似之間。這就是「變文之數」了。基於此，他極力反對模擬，

　　他說：「近代文章之病，全在摹仿，即使逼肖古人，已非極詣。況遺其神理而得其皮毛者乎？且古人作文，時有利鈍，梁簡文《與湘東王書》云：『今人有效謝康樂、裴鴻臚文者，學謝則不屆其精華，但得其冗長；師裴則蔑棄其所長，惟得其所短。』宋蘇子瞻云：『今人學杜甫詩，得其粗俗而已。』金元裕之詩云：『少陵自有連城璧，爭奈微之

識砥砆。」（《日知錄》卷十九《文人摹仿之病》）值得注意的是梁簡
文帝蕭綱是齊梁新變派的領袖人物，「新變」派從隋代至明代被罵了近
千年，向來少有人引用，顧炎武卻引用其說以反對模擬，大有肯定「新
變」派的味道，似乎可以說，他的「通變」觀已溶入了「新變」的觀
念。在《日知錄》卷十九《文人求古之病》中，他反對「剿取《史》、
《漢》中文法以為古」，「獵得其一二字句用之於文」，認為這是掩蓋自
己「理淺」的手法。可以說，顧炎武是與復古派劃清了界限的，他實
際上是批判了「七子」派復古的流弊，所強調的是「變」與「創」。

第二節　尤侗的「通變」論

尤侗（1618-1704）是由崇「變」而兼及「通變」的。他把「變」
看得高於一切，認為「變」不僅與世同在，而且與天地同在。在《己
丑真風序》中，他說：

文者，與世變者也。……人以天地之文造文，文與天地始，與天
地終，天地變而世變，世變而文變。使世而不變，則揖讓之後無征
誅，征誅之後無封建，封建之後無郡縣，郡縣之後無割據矣。使文而
不變，則典謨之後無誓誥，誓誥之後無論策，論策之後無詩賦，詩賦
之後無詞曲，詞曲之後無制義矣。……然而造化大奇，非可意測。方
其未變，不知其變者至也；及其變，不知其變，變者又至也。……苟
執今是而嗤昨非，棄前愚而求後巧，皆不通變之論也。（《西堂全集》
〈西堂雜組〉〈一集〉卷四）

他把變看成是絕對的、無時不在、無往不在，天地間之物（包括

文）無時不在發展變化，「變」是規律，它沒有窮盡之時，對於處在發
展變化中的文來說，哪怕是今是而昨非，前愚而後巧，也不可「執今
是而嗤昨非，棄前愚而求後巧」，因為「今是」是由「昨非」發展變化
而來，「後巧」是由「前愚」發展變化而得，要兼通，不可偏執，這就
是尤侗所理解的「通變」。他的《己丑真風序》可以當作「變之論」來
讀，「通變」雖聯在一起，但「通」字亦可與「不」字連讀，讀為「皆
不通、變之論也」。他的「通變」主要是指通曉變化，和繼承與革新的
統一關係不大，但從「今」與「昨」，「前」與「後」的統一關係來看，
他的「通變」又多少突破了通曉變化的範疇，略含繼承與革新的統一。

第三節　吳喬的「變復」論

　　吳喬（1611-1696？）在《圍爐詩話》中，用「變復」二字來概括
「詩道」，他說：

　　詩道不出乎變復。變，謂變古；復謂復古。變乃能復，復乃能
變，非二道也。漢、魏詩甚高，變《三百篇》之四言為五言，而能復
其淳正。盛唐詩亦甚高，變漢、魏之古體為唐體，而能復其高雅；變
六朝之綺麗為渾成，而能復其挺秀。藝至此尚矣！晉、宋至陳、隋，
大曆至唐末，變多於復，不免於流，而猶不違於復，故多名篇。此後
難言之矣！宋人惟變不復，唐人之詩意盡亡；明人惟復不變，遂為叔
孫之優孟。二百年前非宋則明，非明則宋，而皆自以為唐詩。（卷一）

　　我們在上文論皎然的「複變」觀時，曾引其《詩式》所云：「作者
須知複變之道，反古曰復，不滯曰變。」皎然死後九百年，吳喬又提出

「詩道不出變復」，將皎然的「複變」顛倒過來。實際上不管「複變」也好，「變復」也好，都是「通變」的同義語。吳喬的「變復」說是來源於皎然《詩式》的，他直接引用過《詩式》。《圍爐詩話》卷二云：

> 錢牧齋教人作詩，惟要識變。余得此論，自是讀古人詩，更無所疑，讀破萬卷，則知變矣。喬曰：皎然《詩式》言作詩須知變復（當作「複變」——引者注），蓋以返古為復，以不滯為變也。……變而不復（上言「明人惟復不變」，此言明代「變而不復」，顯然存在矛盾，明代復古派最盛，「變而不復」當為「復而不變」之誤——引者注），成、弘至啟、禎矣。

如細加比較，皎然的「複變」是復古通變，他把「復」與「變」視為「二門」，有各自的獨立性。吳喬的「變復」是不可分割的一個整體，用他自己的話說是「變乃能復，復乃能變，非二道也」。吳喬之「變」是在繼承中的「變」，故言「讀破萬卷，則知變矣」。這與杜甫詩所言「讀書破萬卷，下筆如有神」有點相似。既然「變」的基礎是繼承，那麼對於「復乃能變」就好理解了，唯善於復古者乃能變古，「復」不是簡單的模擬，而是要保持古代文學的優秀傳統與正格。如漢魏古詩，將《詩經》的四言變為五言，但能恢復其淳正的風格；盛唐詩歌變漢魏古體為唐體，但能保持漢魏詩的高雅等等，這可以說是「變而不失其正」，保持前代的高格不變。他要求「變」與「復」的結合與和諧，既反對執其一端，又反對偏勝。宋、明之詩在吳喬看來都是執其一端的：宋人主變，「惟變不復」，結果失去了唐人的詩意；明人「惟復不變」，一味復古、模擬，遂成優孟衣冠。晉、宋至陳、隋，大曆至唐末出現偏勝，「變多於復」，故產生流蕩不還的毛病。這種看法是否

完全符合詩歌發展的實際情況，姑且不論，值得注意的是「變復」與「通變」有相似的內容，「復」與「變」的統一，就是「通」與「變」的統一。在偏勝方面的論述，吳喬比起皎然是有所發展的。

第四節　毛先舒的「通變」論

　　毛先舒（1620-1688）是清初使用「通變」範疇較多的文論家，其「通變」思想從理論形態看亦較完備，且較前人有所發展。其《麗農詞序》云：

　　天地之開人以文章也，有不得不開之勢，故文人之趨於變也，亦有不得不變之勢。故善論文者，因勢以為功；不善論文者，反之。……今世文章家，泥古而罕知盡變，與溯而追源，則欣然欲往；與順而窮流，則掉頭去之。曰：是塌音也，宕往而不返者也。嗟乎！千古旦暮耳，其可以一成之規畫之耳。

　　蘭陵鄒子士，寄情填詞，先後有《麗農》諸刻，其筆墨之妙，如流波，如靜女；……蓋士負宏博才，其於文章，真能窮源極流者也。……夫文章之日開而趨於變也，天也，孔子且不能違天而必因乎世，今人善論文者亦知之邪？（《漢書》卷一）

　　所謂「開」就是「創」，就是開新出奇，但「開」是在知古達變的基礎上進行的，這就是「溯而追源」、「順而窮流」，這就是「通」。他反對「泥古而罕知盡變」的復古，要「日開而趨於變」，即在變化的趨勢中日益開創新的創作，這是一種不可違背的規律，是「天」使之然

也。

在《四子西湖竹枝序》中，他提出「復古」與「通變」的結合問題：

余讀唐人《竹枝》諸歌，而知詩之將變而為詞也。其語質而俏，其情冶而漾，其音淒怨而寥悢，其意思宛轉，就淺就深，無所不入。填詞未暢，律、絕將衰，斷續之間，此道興焉，其為詩之別子而詞之鼻祖乎！……淺景近事，入之皆古；街談巷語，化之皆雅。……世之論者，徒以詞多暱暱之響，於大雅或乖。余謂填詞變而為曲，曲變而為吳歌，為《掛枝》，流蕩極也，而終有所不能廢。以方此調，則末孫也，由孫追祖，是復古也。且歷而上之，可以得《清商》、《子夜》之遺音焉；隨而下之，可以通南、北九宮之源委焉，則又是通變也。夫能復古，又能通變，作者之功盡於是也。（《潠書》卷一）

《西湖竹枝》是民歌，正統文論把它視為不登大雅，毛先舒卻認為《竹枝詞》的產生是事物發展的必然，唐人《竹枝詞》的產生，預示著詩將變化為詞，它在內容與風格上有其自己的特色，當時詞還未獲得普遍發展，處於「未暢」階段，而律詩、絕句已經變衰，就在這斷續之間的骨節眼上，《竹枝詞》興起了，它乃是詩的別派子孫而又是詞的鼻祖。並認為寫作《竹枝詞》並不容易，要放而不雜，近而不俚，穠至而不典重，均非易事。特別肯定《竹枝詞》的「淺景近事，入之皆古；街談巷語，化之皆雅」，肯定了《竹枝詞》之作，通過通變與轉化，亦可達到古雅，這就是以淺俗轉化為古雅。《西湖竹枝》，雖然是唐代《竹枝詞》的末孫，但可追蹤古人，以求復古，追溯其源，尚可得《清商》、《子夜》的遺音，順而下之，可以通南、北九宮之調，這

就是「通變」。毛氏認為，《西湖竹枝》是「上能復古，下可通變」，將「復古」與「通變」對舉，正體現了毛氏的美學思想還沒有完全擺脫復古。但是，毛先舒在「復古」與「通變」二者之間，他是傾向於「通變」的，其所著《詩辯坻》卷一云：抑有峕求復古，不知「通變」，譬之書家，妙於臨摹，不自見筆，斯為弱手，未同盜俠。何則？亦猶孺子行步，定須提攜，離便僵僕。故孺子依人，不為盜力，博文依古，不為盜才。作者至此，勿忘自強，然而有充養之理，無助長之法也。他很形象地道出了專求復古，不知「通變」的種種弊病。他把這種人比作臨摹古帖之人，不能自見筆力，只能稱作弱手。如同走路需依靠別人提攜的孺子，一離人手，便要仆倒在地。這就是說，不知「通變」，便不能成為強手，也不能自樹立，與許學夷所説的「惟變方可以成家」是一致的。又説：「若乃借旨釀蜜，取喻熔金，因變成化，理自非誣。然採取炊冶，功必先之，自然之效，罕能坐獲。要亦始於稽古，終於日新而已。」（《詩辯坻》卷一）這説明「通變」並非是不費氣力輕易獲得，它和釀蜜與冶金一樣，需要有一個因變成化的過程，釀蜜需先採取花粉，熔金需先動手炊冶。而「始於稽求」，「終於日新」，正是「通變」的兩個方面，先繼承，最終達到創新的目的，日新是「通變」的終點，這種説法與我們今天所説的「通變」是繼承與革新的對立統一，已十分接近了。

　　毛先舒還使用過「沿革」、「因造」等詞，這與「通變」有相似的內涵。其《與柴虎臣書》中説：

　　總之，古來文章，《六經》而外，則《左》、《國》為一派，《史》、《漢》為一派，大家為一派。要知此三派之沿革，何以相師而不相襲，何以殊致而復同工，則古人增損因造之法與其心可盡得矣。（《漢書》

卷五）

「因造」即「因創」，通變正是「沿」與「革」的統一，「因」與「創」的統一。後來，葉燮把這四個字重新組合，變為「因革」、「沿創」，用以闡述「正變」與「通變」，與毛氏之說，自有一脈相承的關係。

第五節　葉燮的「通變」論

葉燮是論「正變」的專家，他的理論是以源流正變為核心，而且其思辨性理論系統均在諸種詩話之上。「正變」部分已經論及。他論「通變」遠不如論「正變」為多。在《原詩》中使用「通變」這一範疇論詩的僅一處，而且用的是「變通」。《原詩》〈外篇下〉云：

六朝諸名家，各有一長，俱非全璧。鮑照、庾信之詩，杜甫以「清新」、「俊逸」歸之，似能出乎類者，究之拘方以內，畫於習氣，而不能變通。然漸闢唐人之戶牖，而啟其手眼，不可謂鮑庾之不為之先也。

「拘方」，指拘泥刻板；「畫」，「止」的意思。「拘方」二句，言鮑庾刻板地拘泥於六朝法度之內，停步於六朝習氣之中，而不能拔出流俗，不能進行「通變」。但葉氏論「通變」遠非此一類。他是用「因革」、「沿創」，即沿襲與革新、繼承與創造的統一來論「通變」的。《原詩》〈內篇上〉云：

詩有源必有流，有本必達末；又有因流而溯源，循末以返本。其

學無窮，其理日出。乃知詩之為道，未嘗一日不相續相禪而或息者也。但就一時而論，有盛必有衰；綜千古而論，則盛而必至於衰，又必自衰而復盛。非在前者之必居於盛，後者之必居於衰也。乃近代論詩者，則曰：《三百篇》尚矣；五言必建安、黃初；其餘諸體，必唐之初盛而後可。非是者，必斥焉。如明李夢陽不讀唐以後書；李攀龍謂「唐無古詩」，又謂「陳子昂以其古詩為古詩，弗取也」。自若輩之論出，天下從而和之，推為詩家正宗，家弦而戶習。習之既久，乃能起而掊之，矯而反之者，誠是也；然又往往溺於偏畸之私說。其說勝，則出乎陳腐而入乎偏頗；不勝，則兩敝。而詩道遂淪而不可救。而稱詩之人，才短力弱，識又曚焉而不知所衷，既不識詩之源流本末正變盛衰互為循環，並不能辨古今作者之心思才力深淺高下長短，孰為沿為革，孰為創為因，孰為流弊而衰，孰為救衰而盛，一一剖析而縷分之，兼綜而條貫之。徒自詡矜張，為郛廓隔膜之談，以欺人而自欺也。

　　這段話的理論內涵相當豐富，它雖然以源流「正變」為基礎，卻把「變」視為詩歌發展的最具活力的因素，甚至可以說是原動力。許學夷的《詩源辯體》雖然也以源流「正變」為核心，但他受復古的影響較大，其主變之說仍離不開「變而不失其正」的框框。由於崇尚詩歌的始盛階段，又以始盛為「正」，所以帶有居於前者為盛，居於後者為衰的傾向。這是復古派的通病。葉燮跳出了復古的泥淖，而且具有進化論的思想，他認為詩歌沒有一天不是處於「相續相禪」之中。「續」指延續，為繼承的一面；「禪」指禪變，為變革的一面，「相續相禪」就是「通變」，而且指出「通變」是沒有一天可以止息的。他較準確地把握住了「通變」這個規律性的問題，看到了盛衰互變的規律，並明確指出：「就一時而論，有盛必有衰；綜千古而論，則盛而必至於衰，

又必自衰而復盛。非在前者之必居於盛，後者之必居於衰也。」肯定了詩歌發展不管有多少曲折，最終是「復盛」，是向前發展，這在馬克思主義產生之前，是歷史進化論所可能達到的高度，發前人之所未發，具有極高的理論價值。明代學者將「正」、「變」置於兩極對立的狀態而不知綜合，前、後「七子」的復古與公安派的「新變」亦處在對立之中。葉氏對兩派均有所批評，他首先批判了李夢陽、李攀龍的復古論調，認為公安派「起而掊之，矯而反之」是其必然。但他又同時批判了公安派的矯枉過正，「溺於偏畸之私說」，「出乎陳腐而入乎偏頗」，批評前、後「七子」與公安派之失在於「不識詩之源流本末正變盛衰互為循環」，也就是說，他們既不識「正變」，也不識「通變」。後文所說的「沿」與「革」、「因」與「創」的關係，實際就是「通」與「變」的關係。「因」即因襲，「沿」即沿襲，都是指繼承而言；「革」即革新，「創」即創新，都是指「變」而言。這與《文心雕龍》〈通變〉篇所說的「參伍因革，通變之數也」是一致的，足見葉燮理解劉勰的「通變」，就是繼承與革新的統一。他又指出：「夫惟前者啟之，而後者承之而益之；前者創之，而後者因而廣大之。」（《原詩》〈內篇下〉），「起」與「承而益之」的關係，「創」與「因而廣大之」的關係，也是「通」與「變」的關係。更加值得注意的一點是，葉氏將「正變」與「通變」綜合在一起論述，有「二變」合流之趨勢，這是許多論者所未嘗指出的。

　　葉燮「通變」論的另一突出貢獻是指出：「惟正有漸衰，故變能啟盛。」（《原詩》〈內篇上〉）也就是說「變」能救衰。這裡雖然說的是正變盛衰的互相轉化，但也同樣適用於「通變」。前已指出，關於盛與衰的關係，王世貞在《藝苑卮言》中已經指出：「衰中有盛，盛中有衰」，「盛者得衰而變之，功在創始；衰者自盛而沿之，弊緣趨下」。他

稱這種盛衰互變的關係為「陰陽剝復之妙」，說明他吸收了《易經》的
「通變」思想。葉氏吸收了王世貞的「盛衰互變」說，又加以發展，明
確指出「變能啟盛」，又指出「變」不是一件容易之事，唯才大才能善
變。在此基礎上他又指出，變有兩種效果：一是「因變而得盛」，一是
「因變而益衰」，這是善於「通變」與不善於「通變」的兩種效果，與
作家的才、識、膽、力都有密切的關係，也與時代有關。這是前人所
不曾指出過的，其論「通變」既精闢又全面，故難能可貴。

　　郭紹虞先生曾說：「清代葉燮《原詩》論文學的演變，所謂因變得
盛，或因變得衰，其實就是『通變』和『新變』的分別。『通變』則因
變得盛，『新變』則因變得衰。葉燮的意見說得很有條理，其實就是從
《文心雕龍》體會得來的。」[1]郭先生說葉燮論「通變」是從《文心雕龍》
體會得來是對的，但說「通變則因變得盛，新變則因變得衰」似值得
商榷。葉氏並沒有這樣說，上文已經指出「變」的兩種效果是善變與
不善變造成的，是「通變」與「正變」都可以出現的情況，為什麼單
單「新變」會因變得衰呢？「新變」亦有獲得成功的，並不一定都是
因變得衰，這一點留在「新變」部分論述。

　　古代論「通變」的，劉勰是第一個里程碑，葉燮是第二個里程碑。
葉氏以後，雖有人零星地談到「通變」，但已無人越過葉燮的《原詩》，
故略而不論。

1　郭紹虞：《中國文學批評史》，第90頁。

下編　新變

第一章

「新變」產生的歷史文化背景

　　「新變」一詞的出現要比「正變」、「通變」都晚，「風雅正變」出現在《詩大序》中，最晚也在西漢時代。「通變」一詞最早見於《易》〈繫辭〉中，引入文論則是在劉勰的時代。而「新變」一詞，最早見於蕭子顯的《南齊書》〈文學傳論〉中：「在乎文章，彌患凡舊，若無新變，不能代雄。」如果要追溯「新變」的思想淵源的話，這種日日更新的美學觀可追溯到先秦時代。《易》〈繫辭上〉說：「富有之謂大業，日新之謂盛德。」《禮記》〈大學〉引湯之銘盤曰：「苟日新，又日新，日日新。」因此可以說，追新的思想產生極早。《文心雕龍》〈通變〉篇說「文律運周，日新其業」，由《易傳》所講的道德要日日增新，而推及文學事業要日新月異的發展，這就不能說「日新」與文學的「通變」和「新變」沒有關係了。

　　「新變」一詞雖然出現較晚，但文學思想與創作上發生的「新變」，可以說從建安時代就開始了。這時的文學已經擺脫了經學的附庸

地位，出現了「文學的自覺」，而這種「自覺」是與在文學中發現自我，要求擺脫儒家倫理道德的束縛，追求個性的發展與自由相連繫的，這是六朝文學「新變」的起點，也是齊梁文學新思潮的起點。

在文學創作上，亦由「言志」向「緣情」轉化，重視詩歌「吟詠情性」的特點，文學的教化作用、溫柔敦厚的詩教漸漸變得淡薄了，而對文學的審美功能要求則日益加強。曹丕在《典論》〈論文〉中提出「詩賦欲麗」的問題，這標誌著文論家對文學審美特點的注意。此後陸機《文賦》又提出「詩緣情而綺靡」的問題，這說明從建安時代到魏晉，文學風氣漸漸改變，在內容與形式上都在「新變」，內容上重緣情，形式上日益重視辭藻的華美，以至出現講對偶、重聲律、尚麗辭的趨向。南朝宋的文學，在追新尚奇方面又往前跨了一大步：在辭賦的寫作上，由於日重駢儷，出現了駢體文；在詩歌的創作上，由於山水詩的興起，出現了「儷采百字之偶，爭價一句之奇，情必極貌以寫物，辭必窮力以追新」（《文心雕龍》〈明詩〉篇）的現象，更加助長了創作上的「追新」。到了南朝齊的永明年間，「追新」族的文人將魏晉以來音韻學研究的成果，運用於詩歌創作，產生了講究四聲八病的「永明聲律」說，「永明體」詩歌遂應運而生。《南史》〈陸厥傳〉說：

> 永明時盛為文章，吳興沈約、陳郡謝朓、琅琊王融以氣類相推轂。汝南周顒善識聲韻，約等文皆用宮商，將平上去入四聲，以此制韻，有平頭、上尾、蜂腰、鶴膝，五字之中音韻悉異，兩句之中角徵不同，不可增減，世呼為「永明體」。

這說明了「永明體」與人為的聲律的關係。《梁書》〈庾肩吾傳〉說：

齊永明中，文士王融、謝朓、沈約始用四聲，以為新變。至是轉拘聲韻，彌尚麗靡，復逾於往時。

這裡將「永明體」與「新變」直接連繫起來。

在齊梁人看來，運用聲病說於詩，就是「新變」。從此，「新變」作為一個文論概念，而屢見於六朝典籍之中，如《南史》〈徐摛傳〉云：「摛幼好學，及長，遍覽經史，屬文好為新變，不拘舊體。」這裡將「新變」與「舊體」對立起來，從一個側面，說明了「新變」與「今文體派」是一回事，而是「古文體派」的對立物。

齊梁時代的古今文體之爭，也是「新變」產生的文化背景之一。六朝文學的「新變」，由於輕教化，主「吟詠情性」，又由於山水詩專意模山范水，描寫風雲月露，專重詩歌的美學特點和娛樂作用，這必然引起恪守「詩教」的儒家正統派文人的不滿。裴子野（469-530）就是一個代表人物。其《彫蟲論》云：

古者四始六義，總而為詩。既形四方之風，且彰君子之志，勸美懲惡，王化本焉。而後之作者，思存枝葉，繁華蘊藻，用以自通。若夫悱惻芳芬，楚《騷》為之祖；靡漫容與，相如扣其首。由是隨聲逐響之儔，棄旨歸而無執。賦歌詩頌，百帙五車，蔡邕等之俳優，揚雄悔為童子。聖人不作，雅鄭誰分？其五言為詩家，則蘇、李自出，曹、劉偉其風力，潘、陸固其枝柯。爰及江左，稱彼顏、謝，箴繡鞶悅，無取廟堂。宋初迄於元嘉，多為經史。大明之代，實好斯文。高才逸韻，頗謝前哲；波流同尚，滋有篤焉。自是閭閻少年，貴游總角，罔不擯落六義，吟詠情性。學者以博依為急務，謂章句為專魯，淫文破典，斐爾為功。無被於管弦，非止乎禮義；深心主卉木，遠致

極風雲。其興浮，其志弱，巧而不要，隱而不深。討其宗途，亦有宋之遺風也。（《通典》卷十六）

　　裴子野批判的矛頭，是針對六朝文學的「新變」的。裴子野此文，寫於梁大通元年（527）以後的一兩年內。[1]這時梁武帝享國已近三十年，文學的「新變」如從「永明體」算起，已有近五十年的歷史了。裴子野批判的重點是齊梁，他所重視的是詩歌的「勸美（一作善）懲惡」的教化作用，他稱其為「王化之本」。他認為後代的作者忽視了這一根本問題，只在枝葉問題上下功夫。他把棄本逐末、追求「繁華蘊藻」的風氣，追溯到「悱惻芳芬」的「楚騷」和「靡漫容與」司馬相如的大賦，這就把「新變」的起點往前移了一段，這是為了挖「新變」派的老根。裴子野認為，漢以後的五言詩，不過是沿著楚《騷》與司馬相如藻飾的路子，「隨聲逐影」而已，而且愈演愈烈。東晉以後的顏延之、謝靈運，「篆繡鞶帨」（指講究形式，過於華藻的作品。──引者注），不再傲法儒家經典。後文一段，主要針對梁代，「貴游總角」云云，疑指梁代蕭氏兄弟蕭綱、蕭繹和南齊蕭氏後代蕭子顯等人，他們在裴子野寫《彫蟲論》時，大都已二三十歲，已經步入文壇。《彫蟲論》的後半段，正是為「新變派」畫像，如說他們「擯落六藝，吟詠情性」，把寫作繁縟詞華之文當作「急務」，把解釋經書章句的儒者之學看成是愚魯，「淫文破典」，而所吟詠之情性又不能「發乎情，止乎禮義」，又熱衷於「主卉木，極風雲」的山水詩，比興浮泛，情志屢弱，「巧而不要，隱而不深」，這都是針對「新變」派的。故「新變」

1　《彫蟲論》一文中，裴自稱「梁鴻臚卿」。《梁書》〈裴子野傳〉云：「大通元年（527），轉鴻臚卿。」、「中大通二年（530）卒，年六十二」，足證此文寫於此一兩年內。

派與裴子野為首的古文體派，針鋒相對（下文詳敘），因此可以說，齊梁時期的古今文體之爭，也是「新變」派出現的文化背景之一。

第二章

「永明聲律」說與「新變」

「永明聲律」說按照鍾嶸《詩品序》的說法是「王元長創其首，沈約、謝朓揚其波」。但王元長與謝朓的理論主張今天已無從窺知，見於典籍的，主要是沈約的說法。沈約把他的「四聲八病」說視為獨得之秘。其《答陸厥書》云：

> 宮商之聲有五，文字之別累萬。以累萬之繁，配五聲之約，高下低昂，非思力所舉，又非止若斯而已也。十字之中，顛倒相配，字不過十，巧歷已不能盡，何況復過於此者乎？靈均以來，未經用之懷抱，固無從得其彷彿矣。……自古辭人，豈不知宮羽之殊，商徵之別？雖知五音之異，而其中參差變動，所昧實多，故鄙意所謂此秘未睹者也。

其實，在沈約之前，范曄也頗以辨識宮商、清濁自負，他的《獄

中與甥姪書》說：「性別宮商，識清濁，斯自然也。觀古今文人，多不全了此處。縱有會此者，不必從根本中來。言之皆有實證，非為空談。年少中謝莊最有其分。」他提到謝莊在這方面最有天分。《詩品序》引王元長（王融）的話說：「宮商與二儀俱生，自古詞人不知之。惟顏憲子乃云律呂音調，而其實大謬。唯見范曄、謝莊，頗識之耳。嘗欲進《知音論》，未就。」

　　王融、謝朓二人壽命不永。沈約（441-512）則歷仕宋、齊、梁三朝，又是文壇領袖，又著有《四聲譜》，所以後世言「永明聲律」，首推沈約。《梁書》〈庾肩吾傳〉云：「齊永明中，文士王融、謝朓、沈約，文章始用四聲，以為新變。」把「用四聲」與「為新變」連繫在一起。

　　又沈約《宋書》〈謝靈運傳論〉說：

　　夫五色相宣，八音協暢，由乎玄黃律呂，各適物宜。欲使宮羽相變，低昂互節，若前有浮聲，則後須切響。一簡之內，音韻盡殊；兩句之中，輕重悉異。妙達此旨，始可言文。至於先士茂制，諷高歷賞，子建函京之作，仲宣「霸岸」之篇，子荊「零雨」之章，正長「朔風」之句，並直舉胸情，非傍詩史，正以音律調韻，取高前式。自靈均以來，多歷年代，雖文體稍精，而此秘未睹。至於高言妙句，音韻天成，皆暗與理合，匪由思至。張蔡曹王，曾無先覺；潘陸顏謝，去之彌遠。世之知音者有以得之，此言非謬。如曰不然，請待來哲。

　　沈約「聲律」論的總原則，是積極運用漢字的不同聲調，將它們有規律地排列起來，參差錯綜，造成詩歌的音樂美。漢字本身具有不同的聲調，這是造成詩歌音樂美的基本條件。其中所言「宮羽相變，

低昂互節」，「前有浮聲，則後須切響」，「一簡之內，音韻盡殊；兩句之中，輕重悉異」數句，是「永明聲律」論的具體原則。他們討論的僅限於五言詩的寫作，「一簡之內」指五言詩的一句五字，「兩句之中」，指「十字之中」。此前的五言詩，雖然有口吻調利者，但那是自然的音律，雖「音韻天成」，不過是「暗與理合」，都是不自覺的，是詩歌的天籟之音。「永明聲律」論是人為的聲律，它需要有各種規定性和各種避忌，這就是所謂「聲病」說。歷史上有所謂「四聲八病」之說。隋王通《中說》、初唐盧照鄰《南陽公集序》、皎然《詩式》都提到沈約有「八病」之說，但沈約本人卻未嘗語及。鍾嶸《詩品序》曾提到「蜂腰」、「鶴膝」二病，《南史》〈陸厥傳〉提到「平頭、上尾、蜂腰、鶴膝」四病。《南史》為初唐史學家李延壽所撰，與蕭子顯的《南齊書》〈陸厥傳〉比較，《南史》〈陸厥傳〉多出「有平頭、上尾、蜂腰、鶴膝，五字之中，音韻悉異，兩句之中，角徵不同」一段。此外尚有「大韻、小韻、正紐、旁紐」四病，只見於《文鏡秘府論》所引，未必出自沈約，所以有的研究者提出「永明聲病」說只限於「四病」的範圍[1]。對於「四病」，《文鏡秘府論》均有解釋：所謂「平頭」病，即「五言詩第一字不得與第六字同聲，第二字不得與第七字同聲」。所謂「上尾」病，即「五言詩中，第五字不得與第十字同聲」。所以平頭、上尾均在「五字之中」與「兩句之內」。對於「蜂腰」、「鶴膝」，《文鏡秘府論》說：「蜂腰詩者，五言詩一句之中，第二字不得與第五字同聲。言兩頭粗，中央細，似蜂腰也。」、「鶴膝詩者，五言詩第五字不得與第十五字同聲。言兩頭細，中央粗，似鶴膝也。」對這種

1　參見吳小平：《論永明聲律說與五言律詩聲律形式的形成》，載人民文學出版社出版《古典文學論叢》第6輯。

解釋，後人多有懷疑，我們姑且不論其解釋是否恰當。我們只想說明兩點：其一，為什麼「永明聲律」說被史學家稱為「新變」；其二，「永明聲律」說理論價值和美學意義是什麼？

把人為的「聲律」說自覺地運用於五言詩的寫作中，這在中國詩歌史上是有開創之功的，是詩歌發展到一定階段的產物。「聲律」說的出現，標誌著古詩向近體詩的過渡，意味著人們對詩歌音樂美要求的提高，這是一個新的轉折點，因此不能不承認它是亙古未有的「新變」。這種「新變」反映了新的審美趨向，同時也反映出人們對詩歌的美學特點日趨重視。

另外，「永明聲律」說儘管消極的避忌太多，但並非像鍾嶸《詩品》批評的那樣，傷害詩歌的「真美」，而是提高了詩歌的音樂美，增強了詩歌的美學含量，而且為唐代五言律詩乃至其他近代體的形成，在聲律方面奠定了基礎。從這種意義上可以說，沒有永明詩歌的「新變」，也就沒有唐代的格律詩。

與沈約大體同時，主張「新變」的還有一位張融（444-497），他在齊永明年間，曾寫過一篇《門律自序》。所謂「門律」，就是教育其子侄輩的律條，猶如「家訓」與「庭誥」。他在序中說：

> 吾文章之體，多為世人所驚。汝可師耳以心，不可使耳為心師也。夫文豈有常體，但以有本為常，政當使常有其體。丈夫當刪《詩》、《書》，制禮樂，何至因循寄人籬下。且中代之文，道體闕變，尺寸相資，彌縫舊物。吾之文章，體亦何異，何嘗顛溫涼而錯寒暑，綜哀樂而橫歌哭哉？政以屬辭多出，比事不羈，不阡不陌，非途非路耳。然其傳音振逸，鳴節竦韻，或當未極亦已極其所矣。汝若復別得其體者，吾不拘也。（《南齊書》〈張融傳〉）

　　張融在臨終前，又戒其子曰：

　　吾文體英絕，變而屢奇，既不能遠至漢魏，故無取嗟晉宋。吾豈
天挺，蓋不潰家聲。（《南齊書》〈張融傳〉）

　　他主張為文方面要師心自運，認為文章的體式並非是一成不變
的，要努力使自己的文章自成一體。大丈夫當刪《詩》、《書》，制禮
樂，不應因循沿襲前人，寄人籬下，而不能自樹立。他自認為自己的
文章是「變而屢奇」的，不受成規的束縛。這顯然是主張「新變」、「新
奇」而反對循規蹈矩的文學理論。他曾自言：「不恨我不見古人，所恨
古人又不見我。」（《南史》本傳）又批判「中代之文」的省事變化，「尺
寸相資，彌縫舊物」，標舉「變而屢奇」，這正是永明年間文學風氣追
新尚奇的反映。

　　張融另有一篇《日月詩並序》，頗值得注意。《序》云：

　　懸象著明，莫大於日月。而彼日月，不能不謝，固知無准。衰為
盛之終，盛為衰之始。

　　故為《白日歌》：

　　白日白日，舒天昭暉。數窮則盡，盛滿則衰。

　　他以日月為喻，說明事物永遠處在不停的變化之中，日有升必有
落，月有圓必有缺。推及其他事物，盛與衰是互為循環的：「衰為盛之
終，盛為衰之始」，這種觀點，其哲學基礎，就是《周易》的「陰陽剝

復」之理。這種理論用之於文學方面，就是文學的「盛衰互為循環」論。王世貞的「盛中含衰，衰中有盛」，葉燮的「惟盛中有衰，故衰能啟盛」，與張融的說法，是一脈相承的。

第三章

蕭子顯、蕭統、蕭綱、蕭繹、徐陵的「新變」論

　　南朝梁的文學「新變」，比起南朝齊來是有所發展的。齊代的「新變」，其核心問題是「永明聲律」説，這僅是詩歌形式美的一個方面。梁代的「新變」，涉及內容與形式的各個方面，其理論表現較為系統，「新變」成為他們文學發展觀的組成部分，而且提出了「若無新變，不能代雄」的理論綱領。而提出這一綱領的便是齊高帝蕭道成的孫子蕭子顯（約489-約537）。他在《南齊書》〈文學傳論〉中説：

　　習玩為理，事久則瀆。在乎文章，彌患凡舊。若無新變，不能代雄。建安一體，《典論》短長互出；潘陸齊名，機岳之文永異。江左風味，盛道家之言，郭璞舉其靈變，許詢極其名理，仲文玄氣猶未盡除，謝混清新得名未盛。顏謝並起，乃各擅奇；休鮑後出，咸亦標世。朱藍共妍，不相祖述。

　　他認為凡是供玩賞娛樂的事物，如久不變化，便會使人失去新鮮感，產生厭倦心理，而文章尤其如此，最可怕的就是「彌患凡舊」。這是《文心雕龍》所說的「厭黷舊式」（〈定勢〉）。在文學創作上，沒有「新變」，便不能成為一代之雄，要在文壇上占據重要的地位，必須有自己獨特的貢獻，才能算有「擅奇」和「標世」之處，而且這種獨擅之功，是不能互相祖述的，要靠自己的創新。在他看來，「新變」簡直成了文學的生命和文學發展的原動力。他不再注意文學的教化作用，而把文學比作「習玩」的對象，而且以讀者的審美心理為前提來考慮問題，用作品的美學效果取代「風教」說，這是較為典型的「新變」論。

　　蕭子顯在《南齊書》〈文學傳論〉中還有一段文字，對理解「新變」派的美學思想，很有意義，茲引錄如下：

　　今之文章，作者雖眾，總而為論，約有三體：一則啟心閑繹，托辭華曠，雖存巧綺，終致迂迴，宜登公宴，本非准的；而疏慢闡緩，膏肓之病，典正可採，酷不入情，此體之源，出靈運而成也。次則緝事比類，非對不發，博物可嘉，職成拘制。或全借古語，用申今情，崎嶇牽引，直為偶說，唯睹事例，頓失精采。此則傅咸《五經》，應璩「指事」，雖不全似，可以類從。次則發唱驚挺，操調險急，雕藻淫豔，傾炫心魂，亦猶五色之有紅紫，八音之有鄭衛，斯鮑照之遺烈也。

　　三體之外，請試妄談。若夫委自天機，參之史傳，應思悱來，勿先構聚。言尚易了，文憎過意，吐石含金，滋潤婉切。雜以風謠，輕唇利吻，不雅不俗，獨中胸懷。輪扁斲輪，言之未盡。文人談士，罕或兼工。非唯識有不周，道實相妨。談家所習，理勝其辭，就此求

文，終然翳奪。故兼之者鮮矣。

　　贊曰：學亞生知，多識前仁，文成筆下，芬藻麗春。

　　他所概括的三體，即齊代流行的三種風格類型：第一體出自謝靈運，其風格特點是運思閒緩細緻，辭采華美，精巧綺麗，但迂迴緩慢，雖然典雅，但其致命弱點是情感寡少，缺乏感染力，只適用於公宴場合，這一體受謝靈運的影響而成。這並非批評謝靈運本人，而是批評學謝的一派文人未能得其精華，這與蕭綱所說的「京師文體，儒鈍殊常，競學浮疏，爭為闡緩」，「學謝則不屆其精華，但得其冗長」（《與湘東王書》）是有相通之處的。第二體的特點以事類入詩，又重事類的偶對，拘攣補納，束縛人的手足，大量用古語寫今情，牽強附會，毫無光彩可言，他認為應璩的《百一詩》、傅咸的《五經詩》很像此種文體。對這一體他評價最低，但未指出受何人的影響，卻只拿出晉代兩位詩人的作品來類比。按照鍾嶸《詩品序》的說法，這一體應出自顏延之、謝莊而成：「顏延、謝莊，尤為繁密，於時化之，故大明、泰始中，文章殆同書鈔。」第三體的特點是發唱奇警，音調險急，雕畫豔麗，抒情方面足以驚心炫目，動人心魂，但在「雅正」方面有所不足，此體出自鮑照。蕭子顯對以上三體，均有所不滿，但對第三體批評較少。足見對第三體在「吟詠情性」方面的「傾炫心魂」的感人力量，蕭子顯是肯定的。鍾嶸《詩品下》曾引其從祖鍾憲的話說：「大明、泰始中，鮑、休美文，殊已動俗，惟此諸人（指檀、謝等七人）傅顏、陸體。」可見在齊代的大明、泰始年間，學習鮑照、湯惠休美文的一派，已經占了優勢。而這一派勢力屬於「新變」派，在抒情上有「性靈搖盪」（蕭繹《金婁子》〈立言〉）的特點，「傾炫心魂」與「性

靈搖盪」是相近的。鮑、休詩派與南朝新聲樂府有密切關係，鮑照是擬樂府詩的大家，有「樂府獅象」之稱。湯惠休的詩，被顏延之稱作「委巷中歌謠」[1]。後代的郭茂倩對南朝「新聲」、「豔曲」的發達有一段描述：

　　自晉遷江左，下逮隋唐，德澤浸微，風化不競，去聖愈遠，繁音日滋。豔曲興於南朝，胡音生於北俗。哀淫靡曼之辭，迭作並起，流而忘反，以至陵夷。原其所由，蓋不能制雅樂以相變，大抵多溺於鄭、衛，由是新聲熾而雅音廢矣。昔晉平公說新聲，而師曠知公室之將卑。李延年善為新聲變曲，而聞者莫不感動。其後元帝自度曲，被聲歌，而漢室遂衰。曹妙達等改易新聲，而隋文不能救。嗚呼！新聲之感人如此，是以為世所貴。雖沿情之作，或出一時，而聲辭淺迫，少復近古。……所謂煩手淫聲，爭新怨哀，此又新聲之弊也。（《樂府詩集》卷六十一）

　　郭茂倩還是站在傳統的立場上來看待「新聲豔曲」的，認為新聲豔曲之狂焰，可以導致亡國，對「雅樂」不能「複製」深為感嘆，但他不能不承認「新聲豔曲」的感人是勝過「雅樂」的。這種新聲豔曲，不但為廣大人民所欣賞，也為上層統治者所欣賞，以致於連朝廷的禮樂，也雜有新聲，對此，多違正典。對此，當時反對「新聲豔曲」的王僧虔有過描述：

　　僧虔好文史，解音律，以朝廷禮樂多違正典，民間競造新聲雜

1　《南史》〈顏延之傳〉：「延之每薄湯惠休詩，謂人曰：『惠休製作，委巷中歌謠耳』。」

曲，時太祖（指蕭道成）輔政，僧虔上表曰：「夫懸鐘之器，以雅為用，凱容之禮，八佾為儀。今總章羽佾，音服舛異，又歌鐘一肆，克諧女樂，以歌為務，非雅器也。……又今之《清商》，實由銅雀，三祖風流，遺音盈耳，京洛相高，江左彌貴。諒以金石干羽，事絕私室，桑、濮、鄭、衛，訓隔紳冕，中庸和雅，莫復於斯。而情變聽移，稍復銷落，十數年間，亡者將半。自頃家競新哇，人尚謠俗，務在噍殺，不顧音紀，流宕無崖，未知所極，排斥正曲，崇長煩淫。……故喧丑之制，日盛於廛裡；風味之響，獨盡於衣冠。」（《南齊書》〈王僧虔傳〉）

此文寫於升明二年（478），時當宋順帝劉准朝，距齊蕭道成稱帝僅有一年時間。王氏表中所言禮崩樂壞，「家競新哇，人尚謠俗」的情況，正說明宋末「新聲豔曲」已廣為流行，連朝廷也無法控制。又裴子野《宋略》云：

亂俗先之以怨怒，國亡從之以哀思。優雜子女，蕩悅淫志。充庭廣奏，則以魚龍靡曼為瑰瑋；會同享觀，則以吳趨楚舞為妖妍。纖羅霧縠侈其衣，疏金鏤玉砥其器。在上班賜寵臣，群下亦從風而靡。王侯將相，歌伎填室；鴻商富賈，舞女成群。競相誇大，互有爭奪，如恐不及，莫為禁令，傷風敗俗，莫不在此。（《太平御覽》卷五百六十九引）

從王、裴這兩個反對「新聲豔曲」的描述中，我們可以看到宋齊兩代「新聲豔曲」獲得普通發展的情景。鮑、休美文的動俗，與樂府新聲也有密切的關係，蕭滌非先生曾說：「詩體之變遷，恆以音樂之變

遷為轉移。」（《漢魏六朝樂府文學史》）新聲樂府也推動了齊梁文學的
「新變」，齊梁新體詩篇幅普遍短小，表現男女之情的詩增多，均與
「新聲豔曲」有關。當時的文人都普遍地模擬新聲樂府，也使文人的審
美觀發生了變化。蕭子顯把「雜以風謠，輕唇利吻，不雅不俗」當作
詩文的審美標準，正說明有「新變」思想的文人企圖吸收新聲樂府，
來改變自己的創作風格，不再把典雅當作追求的目標，反而要求折中
於雅俗之間，創造出「不雅不俗」的新風格。他對鮑照之遺烈的批評，
主要著眼於失之「雅正」，沒有在「不雅不俗」方面求得和諧。

　　蕭統（501-531）的文學思想，也具有發展進化、追新求變的傾
向，其《文選序》云：

　　式觀元始，眇覿玄風。冬穴夏巢之時，茹毛飲血之世，世質民
淳，斯文未作。逮及伏羲氏之王天下也，始畫八卦，造書契，以代結
繩之政，由是文籍生焉。《易》曰：「觀乎天文，以察時變；觀乎人文，
以化成天下。」文之時義遠矣哉。若夫椎輪為大輅之始，大輅寧有椎輪
之質？增冰為積水所成，積水曾微增冰之凜。何哉，蓋踵其事而增
華，變其本而加厲。物既有之，文亦宜然；隨時變改，難可詳悉。

　　蕭統認為，文學是隨著人類文明的進步一步步向前發展的，是「隨
時變改」的，但有所變改，必然有所揚棄，舊的事物不能原封不動地
被保存下來。他用「椎輪」和「大輅」的關係與「積水」與「增冰」
的關係為喻，來說明文學的發展問題：「若夫椎輪為大輅之始，大輅寧
有椎輪之質？增冰為積水所成，積水曾微增冰之凜。」這就是說，現代
供皇帝祭祀時所乘的華貴的大輅車，是由古時的原始的椎輪車進化而
來的，這當然是一種進步，但大輅車並不保存椎車的原始質樸的形式；

積水變成層冰，改變了原來的形態，同時也失去了液體水的形態，但獲得了新的固體形態和冰點以下的溫度。事物在發展過程中必定獲得新的品格或新質，但對舊的事物中不合時宜的部分必然有所揚棄，文學在趨新方面是踵事增華、變本加厲的。一代有一代的文學，復古是行不通的，正像人們不能回到飲血茹毛、冬穴夏巢、結繩記事的時代一樣。所以蕭統所謂的「隨時變改」有「新變」的內涵。

但蕭統並非徹底的「新變」派，他與蕭綱、蕭繹又有所不同。他在《答湘東王求文集及詩苑英華書》中說：「夫文典則累野，麗亦傷浮。能麗而不浮，典而不野，文質彬彬，有君子之致。吾嘗欲為之，但恨未逮耳。」這說明他的美學觀點是具有折中色彩的。與劉勰折中於文質之間、雅俗之際有點近似。他在《文選序》中，指出他所擬定的選文標準是「事出於沉思，義歸於翰藻」，又附之以「綜緝辭采」、「錯比文華」。「沉思」指精心結撰、精心錘煉；「翰藻」指文辭美麗，包括講究選詞、用典、用比興以及對偶、聲律等方面，也就是「辭采」與「文華」。在蕭統的時代，詩賦等富有審美特徵的文學作品已經在人們心目中占有相當的地位，講究辭藻、聲律、對偶的駢體文已經占了優勢，永明體的詩歌已經獲得人們的認可，蕭統對這些「新變」的成果基本上是接受了。這會自然地體現在他的選文標準上來。但他對過分的華麗又不贊成，擔心的是「麗亦傷浮」，對麗又要求加以節制。

另外，蕭統還未擺脫儒家詩教「發乎情，止乎禮義」的影響。在《陶淵明集序》中，他對陶淵明的《閒情賦》有所批評：「白璧微瑕，惟在《閒情》一賦。揚雄所謂勸百而諷一者，卒無諷諫，何足搖其筆端？惜哉，亡是可也。」《閒情賦》是寫男女之情的。當時的「新變」派都主張「吟詠情性」，他們對「情性」的描寫，並不顧及「發乎情，止乎禮義」，而是要求「性情搖盪」、「流連哀思」，要求「雕藻淫豔，

傾炫心魂」（蕭子顯《南齊書》〈文學傳論〉），以滿足他們感官享受的需要。對於表現男女之情的作品，蕭綱等人是趨之若鶩，而蕭統卻諱莫如深。《文選序》除《詩序》的「六義」說之外，又言：「詩者，蓋志之所之也，情動於中而形於言。〈關雎〉《麟趾》，正始之道著；桑間濮上，亡國之音表。」足見《詩大序》對他有較大的影響。另外，他不喜寫男女之情的作品，除了與他在東宮所受的教養有關以外，也與他的個性有關。《梁書》〈蕭統傳〉說他：「性愛山水，⋯⋯出宮二十餘年，不畜聲樂。少時，敕賜太樂女妓一部，略非所好。」但蕭統也並非一概排斥描寫男女之情的作品，宋玉的《高唐賦》、《神女賦》、《登徒子好色賦》以及曹植的《洛神賦》等，《文選》都選錄了，唯獨未選《閒情賦》，因此，遭到後人的不少指責。這說明蕭統也只能說是半個「新變」派。

　　蕭綱（503-551）是站在今文體派的立場上，極力反對古文體派的代表人物，他的「新變」觀，主要體現在對古文體派的批判中。其次體現在他的創作實踐中。《與湘東王書》是闡述他的「新變」觀的重要文獻。他在信中說：

　　比見京師文體，懦鈍殊常，競學浮疏，爭為闡緩。玄冬修夜，思所不得，既殊比興，正背《風》《騷》。若夫「六典」、「三禮」，所施則有地；「吉凶」、「嘉賓」，用之則有所。未聞吟詠情性，反擬〈內則〉之篇；操筆寫志，更摹〈酒誥〉之作；遲遲春日，翻學《歸藏》；湛湛江水，遂同《大傳》。⋯⋯但以當世之作，歷方古之才人，遠則揚、馬、曹、王，近則潘、陸、顏、謝，而觀其遣辭用心，了不相似。若以今文為是，則古文為非；若昔賢可稱，則今體宜棄。俱為盍各，則未之敢許。又時有效謝康樂、裴鴻臚文者，亦頗有惑焉。何者？謝客

吐言天拔，出於自然，時有不拘，是其糟粕；裴氏乃是良史之才，了無篇什之美。是為學謝則不屆其精華，但得其冗長；師裴則篾絕其所長，惟得其所短。謝故巧不可階，裴亦質不宜慕。……至如近世謝朓、沈約之詩，任昉、陸倕之筆，斯實文章之冠冕，述作之楷模。

　　這裡所說的「京師文體」，實指以裴子野為首的「古文體派」，他們是齊梁文壇的復古派，蕭綱認為復古派的毛病在於文字寫得「懦鈍殊常」，文章古板沉悶，與比興之義、《風》《騷》之旨相背離。他認為作為文學作品的詩歌，應注意「吟詠情性」，不能走「宗經」的老路，更不能模擬典誥之體，不同的文章應有不同的寫法。他還認為古之才人，在遣詞用心上均「了不相似」，這是重創造性的言論。顯而易見這是強調詩歌「吟詠情性」的特點和美學特徵的。但他把古文體與今文體絕對地對立起來，把二者視為水火，「若以今文為是，則古文為非；若昔賢可稱，則今體宜棄。俱為盍各，則未之敢許」。看來他是反對折中於古今的，從中表現出他鮮明的「新變」派觀點。這當然有其形而上學的一面。他反對擬古，但並不一概反對模擬，一視模擬對象而論。他指出謝靈運不可學，因為謝靈運「巧不可階」，學他的結果只能得其冗長，不能得其精華；裴子野不值得學，因為他的文章「了無篇什之美」，文章太質樸。可學者只有近世的「謝朓、沈約之詩，任昉、陸倕之筆，斯實文章之冠冕，述作之楷模」。由此可知，他標舉的詩文傳統，是自謝朓、沈約而創始，以「永明聲律」說為中心的「新變」派的傳統，從而流露出鮮明的「派」觀點。

　　蕭綱還是宮體詩文的領袖人物。宮體之名，即起於蕭綱為太子之時（即中大通三年，西元531年，蕭綱二十九歲）。《梁書》〈徐摛傳〉云：

（擒）屬文好為新變，不拘舊體。……會晉安王綱出戍石頭，……以擒為侍讀。……（晉安）王入為皇太子，轉家令，兼掌管記，尋帶領直。擒文體既別，春坊盡學之，「宮體」之號，自斯而起。高祖（指蕭衍）聞之怒，召擒加讓，及見，應對明敏，辭義可觀，高祖意釋。

徐擒追隨蕭綱二十多年，他是個「新變」派，對蕭綱的文學思想與創作有一定影響。除「宮體」名稱外，又有所謂「徐庾體」的說法，其風格與宮體相近，都是「新變」的產物。從梁武帝初聞「宮體」之名大怒，後又認為「辭義可觀」而加以容忍的情況看，宮體詩在當時是能為人們所接受的，並非如洪水猛獸一樣可怕。宮體詩的描寫對象主要是女子，描繪女子的體貌、神態、服飾，以及歌容舞態、生活細節及男女豔情等，多以刻畫人物形象為主，雖然有些作品格調不高，但在詩歌題材上有一定的新開拓，在體式上比較短小，它與樂府中的「新聲豔曲」有一定的關係。蕭綱也是宮體詩人。《梁書》〈簡文帝紀〉云：「（蕭綱）雅好題詩，……然傷於輕豔，當時號曰『宮體』。」現引兩首蕭綱的宮體詩，以觀其「新變」。

北窗聊就枕，南簷日未斜。攀鉤落綺障，插捩舉琵琶。夢笑開嬌靨，眠鬟壓落花。簟文生玉腕，香汗浸紅紗。夫婿恆相伴，莫誤是倡家。（《詠內人晝眠》）

合歡蠲忿葉，萱草忘憂條。何如明月夜，流風拂舞腰。朱唇隨風動，玉釧逐弦搖。留賓惜殘弄，負態動餘嬌。（《聽夜妓》）

這兩首詩可為「宮體」詩的藝術標本，都是以女子為描寫對象，

前一首寫美人的睡態，夢中的笑靨，腕上的簟紋，香汗浸濕透明的紅紗衣裙，刻畫精細。末兩句子又進行調侃，追求的是諧趣效果，抒情上顯示「性靈搖盪」的特色，發乎情而非止乎禮義，是此前的詩歌不曾見到的新內容與新形式。特別值得注意的是蕭綱的許多擬樂府詩，內容與風格亦與上引的兩首相近，如擬《雜曲歌詞》的《美女篇》：「佳麗盡關情，風流最有名。約黃能效月，裁金巧作星。粉光勝玉靚，衫薄擬蟬輕。密態隨羞臉，嬌歌逐軟聲。朱顏半已醉，微笑隱香屏。」名為擬樂府，實為宮體詩，這說明「新聲豔曲」與宮體詩有較為密切的關係。

蕭綱不僅創作宮體詩，還公開為宮體詩張目，其《答新渝侯和詩書》云：

> 垂示三首，風雲吐於行間，珠玉生於字裡；跨躡曹、左，含超潘、陸。雙鬢向光，風流已極；九梁插花，步搖為古。高樓懷怨，結眉表色；長門下泣，破粉成痕。復有影裡細腰，令與真類；鏡中好面，還將畫等。此皆性情卓絕，新致英奇。故知吹簫入秦，方識來鳳之巧；鳴瑟向趙，始睹駐雲之曲。手持口誦，喜荷交並也。

新渝侯即蕭暎，蕭綱叔父蕭憺之子，與蕭綱關係密切，為「東宮四友」之一，其詩文已佚。從蕭綱信中的描述看，蕭暎的三首詩當是宮體詩無疑。蕭綱對他所描寫的「影裡細腰」、「鏡中好面」稱讚得無以復加，不但是「風流已極」，而且「性情卓絕，新致英奇」，可以洞見蕭綱愛好「新變」的美學趣味。

蕭綱又在《誡當陽公大心書》中提出：「立身之道與文章異。立身先須謹重，文章且須放蕩。」他把「立身」與「文章」分為兩途，從儒

家傳統的道德與文章的一元化變為二元化，這種說法是為「新變」論
服務的。「文章且須放蕩」，未必是為宮體詩張目，旨在說明寫文章時
不要有所拘忌，在實際生活中需要加以控制的性情在文章中卻可以得
到「放縱」，以「禮義」持身者不妨在文章中突破禮義之大防，也包括
在藝術形式上可以不拘成規，大膽創新，大膽「新變」。這種說法與強
調文學教化作用的傳統觀點，與儒家傳統詩學所主張的「發乎情，止
乎禮義」的觀點是相悖逆的，屬於「新變」的觀點。它具有自由抒發
文人生活和心靈中的真情實感、大膽描寫男女之情和女性美的劃時代
的意義。

　　蕭繹（508-554）也寫過不少宮體詩，他關於文學「新變」的觀點，
主要表現在《金樓子》〈立言〉篇的有關論述中：

　　　然而古人之學者有二，今人之學者有四：夫子門徒，轉相師受，
通聖人之經者謂之「儒」；屈原、宋玉、枚乘、長卿之徒，止於辭賦，
則謂之「文」；今之儒，博窮子史，但能識其事，不能通其理者，謂之
「學」；至如不便為詩如閻纂，善為章奏如伯松，若此之流，泛謂之
「筆」；吟詠風謠，流連哀思者，謂之「文」；而「學」者率多不便屬辭，
守其章句，遲於通變，質於心用。……至如「文」者，惟須綺縠紛披，
宮徵靡曼，唇吻遒會，情靈搖盪。而古之「文」、「筆」，今之「文」、
「筆」，其源又異。

　　所謂「古之學者有二」，指漢人文學、文章之分；所謂「今之學者
有四」，指從「文學」中又分為「儒」與「學」，從「文章」中分出「文」
與「筆」。《文心雕龍》〈總術〉篇說：「今之常言，有文有筆。」又說：
「別目兩名，自近代耳。」文、筆之分，是文體辨析的產物，本與「新

變」關係不大，但蕭繹對「文」下的定義是「吟詠風謠，流連哀思者，謂之文」，與「新變」有密切關係。「吟詠風謠」反映了文人創作接受民歌影響的事實，在當時來說，主要指受南朝樂府「新聲豔曲」的影響，這正是南朝文學「新變」的一個因素。「流連哀思」是抒情文學內容方面的特點，主要指男女相思的愁苦之情，也包括文人的身世之悲，如庾信《哀江南賦序》所言「不無危苦之辭，惟以悲哀為主」，他雖然沒有把歡娛之情概括進來，似乎失之片面，但可以看出，在悲與喜的選擇上，他是主張「悲」高於「喜」的。這是「以悲為美」的美學思想的延續。劉勰區分「文」、「筆」著眼於「有韻」與「無韻」，蕭繹與他不同，所以更具有「新變」色彩。值得注意的是蕭繹使用了「通變」範疇，他把「學」者的「不便屬辭，守其章句，遲於通變，質於心用」看成是其為文之病。所謂「質於心用」指為文用心太簡略，蕭繹此話是要求「通變」、要求為文用心的縝密精細。可見持「新變」觀點的人，並不排斥「通變」。「通變」與「新變」可以兼容。

蕭繹對「文」又提出十六字的審美要求，即「綺縠紛披，宮徵靡曼，唇吻遒會，性靈搖盪」。這種要求兼及內容、形式兩個方面，文辭的華美如綺羅霧縠之紛披，音律之美要或宮或徵，靡曼容與，讀起來唇吻遒勁流暢，抒情上使人性靈搖盪。這涉及聲、情、文三個方面，是新的詩歌審美觀，再與前文的「吟詠風謠，流連哀思」結合，組成較典型較系統的「新變」觀。

徐陵（507-583）與其父徐摛，都是宮體圈子中的人，與蕭綱關係密切。他的「新變」觀點，主要表現在《玉台新詠序》中。徐陵編集《玉台新詠》的動因，據劉肅《大唐新語》說：

梁簡文帝為太子，好作豔詩，境內化之，浸以成俗，謂之宮體。

晚年改作，追之不及，乃令徐陵撰《玉台集》，以大其體。

　　所謂「以大其體」，也就是張大宮體詩，把當時的宮體詩以及古代婦女題材的作品廣收博取，使宮體之作獲得正統地位。《玉台新詠》約成書於中大通六年（534）。其《序》云：

　　琵琶新曲，無待石崇；《箜篌》雜引，非關曹植。傳鼓瑟於楊家，得吹簫於秦女。至若寵聞長樂，陳後知而不平；畫出天仙，閼氏覽而遙妒。至如東鄰巧笑，來侍寢於更衣；西子微顰，得橫陳於甲帳。陪游馺娑（漢宮殿名），騁纖腰於《結風》（古歌曲名——引者注）；長樂鴛鴦，奏新聲於度曲。……清文滿篋，非惟芍藥之花；新制連篇，寧止蒲萄之樹。九日登高，時有緣情之作；萬年公主，非無累德之辭。……無怡神於暇景，惟屬意於新詩。……但往世名篇，當今巧制，……選錄豔歌，凡為十卷。曾無參於〈雅〉、〈頌〉，亦靡濫於風人。涇渭之間，若斯而已。

　　這篇序文，寫得很別緻，我們只節引了一部分，此前的序，沒有此種寫法，其本身就有「新變」的特點，序中虛構出一位美女，「本號嬌娥，曾名巧笑」，色藝俱佳，可使古代的許多佳麗見而生妒，「真可謂傾城傾國，無對無雙者也」。她「妙解文章，尤工詩賦」，因感於「往世名篇」和「當今巧制」的分散與難以披覽，才不捨晝夜地「選錄豔歌」，這位巧笑嬌娥，不難看出便是徐陵的化身。此序有三點值得注意：

　　第一，序文中體現的是宮體詩的審美情趣。序文用細緻的筆墨刻畫嬌娥的體貌之美好，歌舞之精妙，婉約風流，甚至露骨地表現豔

情，寫侍寢更衣，橫陳甲帳，與宮體詩相比，有過之而無不及。清人許璉說它「態冶思柔，香濃骨豔」（《六朝文絜》），足見其審美情趣與宮體詩初無二致。

第二，序文中言及音樂，則曰「新曲」、「新聲」，言及「緣情」之「清文」，則曰「新制連篇」、「屬意於新詩」、「巧制」，又稱其書名為《玉台新詠》，足見他屬意於「新」，處處追「新」。《陳書》本傳說徐陵「其文頗變舊體，緝裁巧密，多有新意」。結合此序來看，可見徐陵以「新變」為佳的美學觀點。

第三，序文中明言不追隨〈雅〉、〈頌〉，只重豔歌的娛樂作用。「曾無參於〈雅〉、〈頌〉，亦靡濫於風人。涇渭之間，若斯而已」數句，很值得注意。王運熙等先生說：「六朝人稱頌文章，即使一般文學，也每稱為『雅頌』，徐陵卻明言這些豔歌只供娛樂而已，當然不能忝列於雅頌之流。語氣中似流露出豔詩自有其用處，無須高攀雅頌，也不欲躋身雅頌的意味。『亦靡濫於風人』，『風人』這裡指民間歌謠，如鍾嶸《詩品》評謝惠連『工為綺麗歌謠，風人第一』，稱吳邁遠『善於風人答贈』。宮體詩的興起，實與東晉南朝文人愛好吳聲、西曲等民間歌謠很有關係。孫綽作《碧玉歌》，王獻之作《桃葉歌》，謝靈運也有《東陽溪中贈答》，均是文人所作歌謠體的側豔之詞。至鮑照、湯惠休始以此體施之五言詩作，被稱為宮體詩的始作俑者（見馮班《嚴氏糾謬》），而仍有民歌意味，故顏延之稱惠休詩為『委巷中歌謠耳』（《南史》〈顏延之傳〉）。即《玉台新詠》中，不但上述孫、王、謝之作均入選，更有《西曲歌》五首、《吳歌》九首、《近代雜歌》三首。這與蕭統《文選》絕不收近代民歌的雅正趣味是截然不同的。那麼，『靡濫於風人』是什麼意思呢？大約徐陵雖也愛好風謠，但認為文士所作雖受風謠影響，可在文辭上還要多一番錘煉，比風謠要精緻華麗一些，故下文云『涇

渭之間，若斯而已』，即雖不如雅頌之典雅，但也不如純粹風謠之俚俗。」[2]所言極是。

　　徐陵是由梁入陳的作家，陳代歷史比較短暫，在「新變」理論上沒什麼建樹。陳的末代皇帝陳後主，對新聲豔曲之喜愛，超過蕭綱、蕭繹等人。史載：「後主每引賓客對貴妃等游宴，則使諸貴人及女學士與狎客共賦新詩，互相贈答，采其尤豔麗者以為曲詞，被以新聲，選宮女有容色者以千百數，令習而歌之，分部迭進，持以相樂。其曲有《玉樹後庭花》、《臨春樂》等，大指所歸，皆美張貴妃、孔貴賓之容色也。其略曰：『璧月夜夜滿，瓊樹朝朝新。』」不久，陳後主便在《玉樹後庭花》的靡靡之聲中，結束了他的統治，真乃「《玉樹》歌殘王氣終」了。這一歷史事實，也給以後反對「新變」的人提供了許多口實。

2　王運熙、楊明：《魏晉南北朝文學批評史》，上海古籍出版社1996年版，第307-308頁。

第四章

隋唐文論中的「新變」

　　六朝的後期,「新變」思潮已形成一種社會風氣,這種「新變」思潮的特點便是強調文學的審美娛樂作用。宮體詩雖是「新變」的伴生物,但兩者又不應混為一談。「新變」是強調創新、變化,人的本性就有這種要求。「新變」思潮不僅在詩歌創作方面有所表現,還波及音樂、繪畫等領域,產生了新樂(含有西域等少數民族的音樂成分)和專門描繪女子體態與服飾的繪畫。據《南齊書》〈劉繪傳〉說:劉繪之弟劉瑱「善畫婦人」,與善於畫馬的毛惠遠,「世並為第一」。沈粲、姚最的《續畫品》稱劉瑱「專工綺羅」。該書又評南朝齊的大畫家謝赫說:「麗服靚妝,隨時變改,直眉曲鬢,與時競新。別體細緻,多從赫始,遂使委巷逐末,皆類效顰。」畫家的「與時競新」與「隨時變改」,所畫女子的服飾裝束正是當時人在服裝容飾上追新趨異、爭奇鬥妍的反映。《續畫品》說:「頃來容服,一月三改,首末未周,俄成古拙。」服飾的變化之速是驚人的,謝赫的繪畫,不過是這種風氣的反映罷

了。所有這些，匯成了追求「新變」的大潮。

第一節　隋及初唐對齊梁文學「新變」的批判

　　西元五八一年，隋朝建立，隋文帝總結前朝覆亡的教訓時，又把君主的溺情文藝、追求聲色享受，視為亡國的重要原因，因而力圖扭轉前朝的浮華之風，輕視、排斥文藝的審美娛樂作用，重新強調文藝的教化功能，尚質尚用。李諤的《上隋高帝革文華書》正是變革風氣的反映，也正適應了當時最高統治者的政治需要。因此反對「新變」而崇尚「雅正」，成了隋代文藝批評的新風氣。這在音樂方面也有很鮮明的表現。隋文帝鑒於南北朝的末代君主喜歡新聲巧變的樂歌，則反其道而行之，曾一再下詔崇雅樂、黜新聲。《隋書》〈音樂志下〉云：

> 《龜茲》者，起自呂光滅龜茲，因得其聲。……至隋有《西國龜茲》、《齊朝龜茲》、《土龜茲》等，凡三部。開皇中，其器大盛於閭閻。時有曹妙達……等，皆妙絕絃管，新聲奇變，朝代暮易，持其音技，估衒公王之間，舉時爭相慕尚。高祖病之，謂群臣曰：「聞公等皆好新變，所奏無復正聲，此亦不祥之大也。自家形國，化成人風，勿謂天下方然，公家家自有風俗矣。存亡善惡，莫不繫之。樂感人深，事資和雅，公等對親賓宴飲，宜奏正聲，聲不正，何可使兒女聞也？」

　　但是這種「新聲巧變」的音樂，由於受到人們普遍的喜愛，用行政命令禁止是相當困難的。故下文說：

帝雖有此敕，而竟不能救焉。煬帝不解音律，略不關懷。後大制
豔篇，辭極淫綺。令樂正白明達等造新聲，則《萬歲樂》、《藏鉤樂》、
《七夕相逢樂》、《投壺樂》、《舞席同心髻》、《玉女行觴》、《神仙留
客》、《擲磚續命》、《鬥雞子》、《斗百草》、《泛龍舟》、《還舊宮》及《十
二時》等曲，掩抑摧藏，哀音斷絕。帝悅之無已。（《隋書》〈音樂志
下〉）

可見，這種「新聲巧變」之樂，與文學上的「新變」思潮呼應，
已成為一種不可阻擋的潮流。

初唐的史學家對齊梁文風的綺豔，對宮體詩乃至文學的「新變」
大都持以批判態度。茲舉例以略作說明。《隋書》〈文學傳序〉（魏徵撰）
云：

梁自大同之後，雅道淪缺，漸乖典則，爭馳新巧。簡文、湘東，
啟其淫放；徐陵、庾信，分路揚鑣。其意淺而繁，其文匿而彩，詞尚
輕險，情多哀思。格以延陵之聽，蓋亦亡國之音乎！

又《隋書》〈經籍志四〉集部云：

宋、齊之世，下逮梁初，靈運高致之奇，延年錯綜之美，謝玄暉
之麗藻，沈休文之富溢，輝煥斌蔚，辭義可觀。梁簡文之在東宮，亦
好篇什，清辭巧制，止乎衽席之間；雕琢蔓藻，思及閨闈之內。後生
好事，遞相放習，朝野紛紛，號為宮體。流宕不已，訖於喪亡，陳氏
因之，未能全變。

　　魏徵對宋、齊乃至梁初的文學，包括發生「新變」的謝朓、沈約之詩，還肯定其「辭義可觀」。他以梁大同為界，對梁之後期及陳之文學，持批判態度，認為此後之作缺雅道、乖典則，「爭馳新巧」，對他們的「新變」及宮體詩持否定態度，對宮體詩人的「清辭巧制，止乎衽席之間；雕琢蔓藻，思及閨闥之內」深致不滿，並指出蕭綱、蕭繹、徐陵、庾信等人的作品，以季札觀樂的觀點來看，可視為「亡國之音」。

　　又《周書》〈王褒庾信傳論〉（令狐德棻等著）云：

　　然則子山（庾信）之文，發源於宋末，盛行於梁季，其體以淫放為本，其詞以輕險為宗，故能誇目侈於紅紫，蕩心逾於鄭衛。昔揚子云有言：「詩人之賦麗以則，詞人之賦麗以淫。」若以庾氏方之，斯又詞賦之罪人也。

　　令狐德棻對庾信的評價是失之全面的，他沒有區分庾信前後期創作的不同。對庾信後期創作中所表現的「鄉關之思」視而不見，眼光只盯在庾信前期創作的宮體詩文上。即便以前期創作而論，其語言之清新流麗，亦非「輕險」二字所可概括。說庾信是「詞賦之罪人」更是亂扣帽子，橫加指責。

　　又《北齊書》〈文苑傳序〉（李百藥著）云：

　　江左梁末，彌尚輕險，始自儲宮（指蕭綱──引者注），刑乎流俗。雜滓灃以成音，故雖悲而不雅。爰逮武平（北齊末代皇帝高紹義的年號──引者注），政乖時蠹，唯藻思之美，雅道猶存，履柔順以成文，蒙大難而能正。原夫兩朝叔世（指末世或亂世──引者注），俱肆

淫聲，而齊氏變風，屬諸絃管（指齊後主高緯愛好哀婉動人的俗樂——引者注）；梁時變雅，在夫篇什。莫非易俗所致，並為亡國之音；而應變不殊，感物或異，何哉？蓋隨君上之情慾也。

　　初唐史學家都共同認為梁末之宮體詩是以「淫放為本」，而「詞尚輕險」的，而且一致地排斥「哀感」，這與蕭繹所說的「流連哀思謂之文」大相異趣，這說明初唐人的審美觀是崇「雅正」、斥「新變」而又反對哀感的。《北齊書》〈文苑傳〉贊中有兩句話頗值得注意：「雅以正邦，哀以亡國。」過去常以「雅」、「俗」對舉或「雅」、「鄭」對舉，此處以「雅」、「哀」對舉，大概是從《樂記》的「亡國之音哀以思」轉化而來，把傳統的「以悲為美」的審美觀與「亡國之音」混同，並與「雅」對立，不能說沒有侷限，但由此可以看出審美趨向的變化。

　　儘管初唐史學家異口同聲地批判宮體詩與「新變」，但宮體詩在初唐並沒有絕跡。《新唐書》〈虞世南傳〉載：

　　帝（指唐太宗李世民——引者注）嘗作宮體詩，使賡和，世南曰：「聖作誠工，然體非雅正。上之所好，下必有甚者，臣恐此詩一傳，天下風靡，不敢奉詔。」帝曰：「朕試卿耳。」賜帛五十匹。

　　虞世南（558-638）在隋代本是作宮體詩的老手，此時卻敢於違詔不和唐太宗的宮體之作，並直言人主之作「體非雅正」，足見宮體詩已遭到公眾的鄙棄，已無市場了。此時宮體已轉變為宮廷詩，它克服了宮體詩的專寫女子體貌神態、歌聲舞姿的放蕩，注意了詩的「雅正」，但卻保留了宮體詩的綺豔。如上官儀就是一位著名的宮廷詩人，有所謂「上官體」之稱。《舊唐書》〈上官儀傳〉說他「好以綺錯婉媚為

本，……故當時多有效其體者，時人謂為上官體」。文學史家認為：「這種詩體，著意描繪美麗的物象，講究對仗，用典工麗精切，音律和諧優美，體制精巧玲瓏。它為詩歌的趨於格律化提供了新的範式，正是齊梁以來新體詩過渡到沈、宋律詩的一座橋樑。」[1]這說明由宮體詩到宮廷詩，「新變」並沒有停止，宮廷詩在形式上追求的「新變」與宮體詩並無不同，只不過宮廷詩比宮體詩在內容上變得「雅正」一些。

在上一編「通變」範疇中我已經論述過，初唐之陳子昂、盛唐的李白等人，都曾打著復古的旗號來進行革新，復古與「新變」是對立物，所以從初盛唐至中唐文論家沒有關於「新變」的理論主張發表，唯皎然《詩式》略有一點主創求新的要求。筆者用電腦檢索《新唐書》、《舊唐書》，「新變」無一處出現，但這並不意味著唐代不存在「新變」。

第二節　杜甫、韓愈詩歌創作中的「新變」

朱自清先生曾說：「『新』是創造，對『舊』而言是『變』。」（《詩言志辨》）以此觀點為導向，他認為杜甫、韓愈都是主「新變」的，他說：

唐代古文雖一直以復古為通變，詩卻從杜甫起多徑趨新變，而且「奇變不窮」，杜甫並不卑視齊、梁，而是主張「轉益多師」（《戲為六絕句》之六：「轉益多師是汝師」，《杜少陵集詳註》十一）；又頗用心在新興的律詩上，他要「遣辭必中律」（《橋陵詩三十韻》，《杜少陵集

1　喬象鍾、陳鐵民主編：《唐代文學史》上冊，人民文學出版社1995年版，第95頁。

詳註》三），並且自許「晚節漸於詩律細」（《遣悶呈路曹長》，《集》十八）。他「為人性僻耽佳句，語不驚人死不休」（《江上值水如海勢》，《集》十），明王世貞《藝苑卮言》卷四說他「以獨造為宗」，是不錯的。作詩這樣「以獨造為宗」的，杜甫以後，得推韓愈。⋯⋯「資談笑，助諧謔」[2]，已經是「獨造」了，而《薦士詩》稱孟郊「橫空盤硬語，妥帖力排奡」（《集》三十二），也是自白，更見出他「獨造」的工夫。⋯⋯杜、韓兩家影響宋詩最大。但宋人有說韓詩是「押韻之文」的《冷齋夜話》卷二記沈存中（括）語：「退之詩，押韻之文耳；雖健美富贍，然終不是詩。」，有說他「以文為詩」的（《後山詩話》：「退之以文為詩，⋯⋯雖極天下之工，要非本色」）；似乎他的「獨造」比較杜為甚，他是更趨向新變。杜、韓兩家卻都並「不自知其變」。[3]

　　初讀朱先生之論，我以為他把「新變」擴大化了。反覆體會，又覺朱說有一定道理。他所說的「新變」，實為創作上的「新變」，「若無新變，不能代雄」，一代宗師，焉能在創作上缺少「新變」呢？朱先生已經指出：杜、韓兩人都是有「新變」而「不自知其變」的人，這與蕭綱、蕭繹等人自覺地鼓吹「新變」且有較系統的「新變」理論主張不同。另外，蕭綱、蕭繹等人的「新變」論是只強調文學的審美娛樂作用，不提文學的教化功能，在「吟詠情性」方面也不加控制，這一點與杜、韓兩人不同。

　　杜甫的人生理想是「致君堯舜上，再使風俗淳」（《奉贈韋左丞丈二十二韻》），在文學觀上，他是主張文學要為政治教化服務的。他的

2　　兩句出自歐陽修《六一詩話》，朱氏原引詩話一段，為筆者所刪。

3　　《朱自清說詩》，上海古籍出版社1998年版，第149頁。

《同元使君舂陵行並序》，表現出他對「美刺」、「比興」和「主文而譎諫」（《毛詩序》）的傳統儒家詩學的繼承，諷喻的目的，還是著眼於政治教化。梁、陳的「新變」派，是主張「性靈搖盪」的，而杜甫則主張用詩歌陶冶性靈，他曾言：「登臨多物色，陶冶賴詩篇。」（《秋日夔府詠懷奉寄鄭監李賓客一百韻》）「陶冶性靈存底物，新詩改罷自長吟。」（《解悶十二首》其七）從這些方面看，杜甫與梁、陳之「新變」派是大相異趣的。至於主張「文以明道」的韓愈，距梁、陳「新變」派可以說離得更遠了。

第三節　「詩到元和體變新」——詩體「新變」與元、白詩歌創作中的「新變」

中唐時代，還存在詩體的「新變」，元和年間出現的「元和體」，便是詩體「新變」的典型。白居易曾說：「制從長慶辭高古，詩到元和體變新。」（《余思未盡加以六韻重寄微之》）什麼是「元和體」呢？最早的說明見於《舊唐書》〈元稹傳〉：

積聰警絕人，年少有才名，與太原白居易友善。工為詩，善狀詠風態物色，當時言詩者稱元白焉。自衣冠士子，至閭閻下俚，悉傳諷之，號為「元和體」。……凡所為詩，有自三十、五十韻乃至百韻者。江南人士，傳道諷誦，流聞闕下，裡巷相傳，為之紙貴。

所謂「元和體」殆指元、白被貶荊蠻十餘年間「二人來往贈答」之詩。宰相令狐楚欲覽元稹的作品，元稹因獻其文，並自敘云：

積自御史府謫官，於今十餘年矣，閒誕無事，遂專力於詩章，日益月滋，有詩句千餘首。其間感物寓意，可備矇瞽之風者有之。辭直氣粗，罪尤是懼，固不敢陳露於人，唯杯酒光景間，屢為小碎篇章，以自吟暢。然以為律體卑庳，格力不揚，苟無姿態，則陷流俗。常欲得思深語近，韻律調新，屬對無差，而風情宛然，而病未能也。江湖間多新進小生，不知天下文有宗主，妄相傲傚，而又從而失之，遂至於支離褊淺之辭，皆目為元和詩體。

積與同門生白居易友善。居易雅能為詩，就中愛驅駕文字，窮極聲韻，或為千言，或五百言律詩，以相投寄。小生自審不能以過之，往往戲排舊韻，別創新辭，名為次韻相酬，蓋欲以難相挑。自爾江湖間為詩者，復相傚傚，力或不足，則至於顛倒語言，重複首尾，韻同意等，不異前篇，亦目為元和詩體。（《上令狐相公詩啟》）

根據元稹自己對元和詩體的描述，可知元和體不是指「即事名篇，無復依傍」（白居易《新樂府序》）的新樂府，而是指元、白二人被貶之後二人贈答酬唱的長篇排律，也包括「小碎篇章」。他具有「思深語近，韻律調新」、「戲排舊韻，別創新辭」的特色。元和是詩體大變的時代。明人許學夷多次指出這一特點：「大曆以後，五七言律流於委靡，元和諸公群起而力振之，賈島、王建、樂天創作新奇，遂成大變。」（《詩源辯體》卷二十三）「元和間，韓愈、孟郊、賈島、李賀、⋯⋯白居易、元稹諸公群起而力振之，惡同喜異，其派各出，而唐人古、律之詩至此而大變矣。」（《詩源辯體》卷二十四）「韓、白五言長篇雖成大變，而縱態自如，各極其至。」（《詩源辯體》卷二十七）由此可知，「詩到元和體變新」是元和年間一群詩人的共同傾向，非僅

僅表現在元、白二人的創作中。這是詩體的「新變」。但白居易與蕭綱等的「新變」派又有很大的不同。他把詩歌視為輔政的工具，把詩歌當作諫書來寫，他重視的是詩歌的「救濟人病，裨補時闕」（《與元九書》）的作用，他的寫作，是「為君、為臣、為民、為物、為事而作，不為文而作也」（《新樂府序》）。

他對文學的審美作用是相當輕視的，甚至把沒有「比興諷喻」之義的山水詩、田園詩一概加以排斥，目為「嘲風雪、弄花草」（《與元九書》），表現出狹隘的政治功利主義，其現實主義的理論雖獲得較高的成就，但仍未擺脫復古思想的影響，在這些方面並無「新變」可言。

值得注意的是元、白的創作實踐與他們的理論主張是存在矛盾的，「元和體」所以能廣為流傳，引起許多人的倣傚，與它市民化、俚俗化亦有一定的關係。元、白的詩中都有一些「性靈搖盪」的豔情詩，其中夾雜一些性感的描寫。如元稹的《雜憶五首》：「憶得雙文通內裡，玉櫳深處暗聞香。」、「憶得雙文衫子薄，鈿頭雲映褪紅酥。」《襄陽為盧竇紀事》：「風弄花枝月照階，醉和春睡倚香懷。依稀似覺雙環動，潛被蕭郎卸玉釵。」《會真詩三十韻》：「戲調初微拒，柔情已暗通。……鴛鴦交頸舞，翡翠合歡籠。眉黛羞頻聚，朱唇暖更融。氣清蘭蕊馥，膚潤玉肌豐。無力慵移腕，多嬌愛斂躬。汗光珠點點，髮亂綠鬆鬆。」白居易的《和夢遊春詩一百韻》云：「遙見窗下人，娉婷十五六。霞光抱明月，蓮豔開初旭。縹緲雲雨仙，氛氳蘭麝馥。風流薄梳洗，時世寬妝束。袖軟異文綾，裾輕單絲縠。……凝情都未語，付意微相矚。眉斂遠山青，鬢低片雲綠。帳牽翡翠帶，被解鴛鴦襆。秀色似堪餐，穠華如可掬。半卷錦頭席，斜鋪繡腰褥。朱唇素指勻，粉汗紅綿撲。……京洛八九春，未曾花裡宿。壯年徒自棄，佳會應無復。」《江南喜逢蕭九徹因話長安夜遊戲贈五十韻》，對狎妓生活中的男歡女愛也

有類似《和夢遊春詩》的具體而細致的描寫，元、白的這些詩如和梁、陳宮體詩相比，其綺艷，其脂粉氣，其搖盪性靈的肉感，都大大超過宮體詩。

第四節　齊梁文學「新變」的復歸 —— 晚唐豔情詩、豔體詩的創作、編集與理論鼓吹

　　唐代社會風氣比較開放，男女交往比較自由，隨著都市商業的日益發展繁榮，秦樓楚館遍佈通邑、大都，而唐代的文人狎妓之風本來就頗為盛行，到了晚唐五代，干戈擾攘，戰亂頻仍，腐敗的統治集團上層追求享樂，過著紙醉金迷的生活。韋莊曾在《陪金陵府相中堂夜宴》中寫道：「滿耳笙歌滿眼花，滿樓珠翠勝吳娃。因知海上神仙窟，只似人間富貴家。繡戶夜攢紅燭市，舞衣晴曳碧天霞。卻愁宴罷青蛾散，揚子江頭月半斜。」正是晚唐官僚士大夫追求聲色享受生活的生動寫照。上有行焉，下必效之，這必然促進社會風氣的變化，又出現了一個「禮崩樂壞」的時代。文人在這樣的年頭，自然十分注意文學的審美娛樂作用，「發乎情，止乎禮義」的教條信奉的人少了，所以晚唐五代出現了許多豔情詩，也出現了為了張大其體的選本、集子，不僅有了創作實踐，也有了理論主張。著名詩人杜牧、李商隱、溫庭筠等都寫過一些描寫婦女和豔情的詩。吳融（850？-903？）在《禪月集序》中指出：「至於李長吉以降，皆以刻削峭拔飛動文彩為第一流，有下筆不在洞房蛾眉神仙詭怪之間，則擲之不顧。邇來相效學者，靡曼浸淫，困不知變。嗚呼！亦風俗使然也。」[4]從反對者的描述中，我們可

4　周祖譔編選：《隋唐五代文論選》，人民文學出版社1998年版，第365頁。

以看出晚唐審美趣尚的變化，描寫洞房蛾眉的詩歌已經成了時尚，這正是「新變」，「困不知變」的或許就是吳融了。黃滔（晚唐人）在《答陳磻隱論詩書》中曾說：「咸通、乾符之際，……鄭、衛之聲鼎沸，號之曰『今體才調歌詩』，援雅音而聽者懵，語正道而對者睡。」⁵這裡所說的「鄭」、「衛」之聲，也是指描寫豔情的詩篇，可見此種詩在晚唐之流行，已有不可阻擋之勢，反對者對此只可嘆息而已。茲以韓偓、韋莊、韋穀、歐陽炯為例，略加闡述。

　　韓偓（約842-約923）寫過不少豔情詩，他又把這類詩編為專門的集子，名曰《香奩集》，並寫有《香奩集序》，為這些詩張目，序文云：

　　余溺章句，信有年矣。誠知非丈夫所為，不能忘情，天所賦也，自庚辰、辛巳之際，迄辛丑、庚子之間，所著歌詩，不啻千首。其間以綺麗得意者亦數百篇，往往在士大夫之口，或樂工配入聲律，粉牆椒壁，斜行小字，竊詠者不可勝記。大盜入關，緗帙都墜，遷徙不常厥居，求生草莽之中，豈復以吟諷為意。或天涯逢舊識，或避地遇故人，醉詠之暇，時及拙唱。自爾鳩輯，復得百篇，不忍棄捐，隨時編錄。

　　遐思宮體，未降稱庾信攻文；卻消《玉台》，何必倩徐陵作序。初得捧心之態，幸無折齒之慚。柳巷青樓，未嘗糠秕；金閨繡戶，始預風流。咀五色之靈芝，香生九竅；咽三危之瑞露，春動七情。如有責其不經，亦望以功掩過。

5　周祖譔編選：《隋唐五代文論選》，人民文學出版社1998年版，第363頁。斷句引者有改動。

　　他自稱所寫的豔情詩是「以綺麗得意者」，並愛不釋手，自言受到
士大夫與樂工的歡迎。他把《香奩集》和徐陵所編的《玉台新詠》相
比，自認為其文采在庾信、徐陵之上，並大膽地肯定專門描寫「柳巷
青樓」與「金閨繡戶」的豔情詩，認為它們不僅不是詩中的糟粕，而
且是「風流」的表現，肯定描寫婦女生活和男女豔情的詩是美的，如
同五色靈芝，三色（山名）瑞露，能對讀者產生「香生九竅」、「春動
七情」的藝術效果，顯然是大力肯定香奩詩的美學價值，並公開地向
傳統的倫理道德，向傳統詩學的教化說挑戰，自認為功不可掩。

　　韋莊（約836-910）編了一部《又玄集》，從該書序文中可見他的審
美標準是趨向「新變」的，與殷璠編《河岳英靈集》標舉「興象」、「氣
骨」已大相異趣了。《又玄集序》云：

　　謝玄暉文集盈編，止誦「澄江」之句；曹子建詩名冠古，唯吟「清
夜」之篇。是知美稼千箱，兩岐爰少；繁弦九變，《大護》（當作《大
濩》——引者注）殊稀。入華林而珠樹非多，閱眾籟而紫簫惟一。所
以擷芳林下，拾翠岩邊，沙之汰之，始辨辟寒之寶；載雕載琢，方成
瑚璉之珍。故知領下採珠，難求十斛；管中窺豹，但取一斑。自國朝
大手名人，以至今之作者，或百篇之內，時記一章；或全集之中，唯
征數首。但掇其清詞麗句，錄在西齋；莫窮其巨派洪瀾，任歸東
海。……長樂暇日，陋巷窮時，聊撼膝以書紳，匪攢心而就簡。……
亦由執斧伐山，止求嘉木；挈瓶赴海，但汲甘泉。等同於風月煙花，
各是其楛梨橘柚。[6]

<hr/>

6　《唐人選唐詩（十種）》下冊，上海古籍出版社1978年版，第348頁。

　　他使用了眾多的比喻，來反覆說明《又玄集》所選詩歌的精美，把他們比作「珠樹」、「紫簫」、「瑚璉之珍」、「嘉木」、「甘泉」，而且這些美的詩歌，是專供人玩賞的，不管是「長樂暇日」的有閒之人，還是「陋巷窮時」的窮苦之士，都可以搖動著膝蓋安閒的欣賞它，並把它牢記在心；也無須聚精會神地去臨文就簡苦心閱讀，欣賞它們，如同「金盤飲露」、如同「花界食珍」一樣快樂，既可欣賞「風月煙花」，也可品嚐到「櫨梨橘柚」的各種味道。他只強調詩歌的審美娛樂作用，而把為政教服務與「比興」、「美刺」拋在腦後。另外，他選詩的標準也是純從藝術上考慮，只選「清詞麗句」的佳品，不管入選作家是什麼流派，有什麼淵源，在他看來不同淵源的流派，都是殊途同歸，匯入大海的，他重視的只是精美的藝術品與賞心悅目的效果。這與儒家傳統的詩學觀是相對立的，而且帶有「新變」的色彩。

　　韋縠（生卒年不詳）曾官後蜀的監察御史，生活的時代為唐末至五代中期，他編有《才調集》十卷，選詩近千首，中晚唐占絕大多數，其中有不少豔情詩、豔體詩，上引元、白的富有肉感的豔情詩，全被選了進去。選李白詩二十八首，不選其豪放的歌行，著重選其表現婦女生活的詩篇，卷十專選婦女的詩，而對杜甫則一首未選。為什麼韋縠用「才調」名其集，「才調」一詞的含義，傳統的說法指才氣、才情。但自晚唐以來，有人把豔情詩稱為「今體才調歌詩」（黃滔《答陳磻隱論詩書》），這種命名恐非出自個別人之口，可能是一時的共稱。《才調集》的取名與今體才調歌詩的關係較密，而與才氣、才情關係較疏，所以命名本身就可見編者對豔情詩情有所鍾，他似乎要與持傳統詩論觀點的黃滔之輩對著幹。《才調集序》云：

　　　　余少博群言，常所得志。雖秋螢之照不遠，而彫蟲之見自佳。古

人云：自聽之謂聰，內視之謂明也。又安可受誚於愚鹵，取譏於書廚者哉！暇日因閱李杜集、元白詩，其間天海混茫，風流挺特；遂採摭奧妙，並諸賢達章句，不可備錄，各有編次。或閒窗展卷，或月榭行吟，韻高而桂魄爭光，詞麗而春色斗美。但貴自樂所好，豈敢垂諸後昆。今纂諸家歌詩，總一千首，每一百首成卷，分之為十目，曰《才調集》。庶幾來者，不誚多言。他代有人，無嗤薄鑑云爾。[7]

強調「彫蟲之見自佳」與「自聽」、「內視」的聰明，也就是強調審美主體的作用與可靠性，在這方面他充滿自信，並稱譏誚他的人為「愚鹵」、「書廚」，其針對性是持儒家傳統詩學觀、教化說的書呆子。這類人物在晚唐仍然存在，如吳融認為：「君子萌一意，出一言，亦當有益於事；矧極思屬詞，得不動關於教化？」（《禪月集序》）黃滔認為：「詩本於〈國風〉王澤，將以刺上化下、苟不如是，曷詩人乎？……由是聖人刪詩，取之合於《韶》、《武》，故能動天地、感鬼神。」（《答陳磻隱論詩書》）他們仍然認為詩歌應以「刺上化下」，有益於政治教化為宗旨。在韋縠看來，吳融、黃滔之輩不過是「愚鹵」、「書廚」罷了。

韋縠選詩的藝術標準是「韻高」、「詞麗」。「韻高」指音韻和諧流美，「詞麗」指詩歌語言的華美、豔麗。《四庫全書總目提要》說：「（韋）縠生於五代文敝之際，故所選取法晚唐，以穠麗宏敞為宗，救粗疏淺弱之習，未為無見。」（卷一八六）

韋縠也是只重文學的審美娛樂作用而不顧教化功能的，「或閒窗展卷，或月榭行吟」即可見其對詩歌的玩賞態度，而「但貴自樂所好」，

7　《唐人選唐詩（十種）》上冊，第444頁。

更是他對詩歌審美娛樂作用的絕好說明。

五代的歐陽炯（896-971），可視為當時主「新變」的重要人物。唐五代出現了一種新的抒情詩體，那便是倚聲而作的詞。後蜀的趙崇祚編了一部詞集《花間集》，收錄了溫庭筠、皇甫松、韋莊等人的詞作五百首，分為十卷。歐陽炯為之作序，這是中國文學史上第一篇詞學批評論文。《花間集序》云：

鏤玉雕瓊，擬化工而迴巧；裁花剪葉，奪春豔以爭鮮。是以唱雲謠則金母（即西王母——引者注）詞清，挹霞醴則穆王（穆天子——引者注）心醉。名高《白雪》，聲聲而自合鸞歌；響遏行雲，字字而偏諧鳳律。《楊柳》、《大堤》之句，樂府相傳；「芙蓉」、「曲渚」之篇，豪家自製。莫不爭高門下，三千玳瑁之簪；競富樽前，數十珊瑚之樹。則有綺筵公子，繡幌佳人，遞葉葉之花箋，文抽麗錦；舉纖纖之玉指，拍按香檀。不無清絕之辭，用助嬌嬈之態。自南朝之宮體，扇北里之倡風，何止言之不文，所謂秀而不實。

有唐以降，率土之濱，家家之香徑春風，寧尋越豔；處處之紅樓夜月，自鎖常娥。在明皇朝則有李太白之應制《清平樂》詞四首（當作三首——引者注），近代溫飛卿復有《金荃集》。邇來作者，無慚前人。今衛尉少卿趙崇祚，以拾翠洲邊，自得羽毛之異；織綃泉底，獨殊機杼之功。廣會眾賓，時延佳論，因集近來詩客曲子詞五百首，分為十卷。以炯粗預知音，辱請命題，仍為序引，乃命曰《花間集》。庶使西園英哲，用資羽蓋之歡；南國嬋娟，休唱蓮舟之引。

此序運用許多神話與傳說，把花間詞形容得美不勝收。如精金美

玉，巧奪化工，可與美麗的春色爭豔，其清詞佳句似出於神仙西王母，用於侑酒可使穆天子心醉；它聲聲合歌，字字諧律，因而名高《陽春白雪》。這是就詞的美華形式和倚聲的特點而言。值得注意的是《花間詞》的淵源關係的論述：明確指出詞是繼承了南朝樂府的《清商曲辭》和宮體詩的，這就與梁代的「新變」接上了關係。王運熙、楊明先生指出：「《楊柳》，當指清商曲辭《西曲歌》中的《月節折楊柳歌》。梁簡文帝蕭綱仿《西洲曲》作《雍州曲》三首，分別以《南湖》、《北渚》、《大堤》命篇，唐人又引申為《大堤曲》。又清商曲《江南弄》中有《採蓮曲》，蕭綱有句云：『棹動芙蓉落。』梁元帝蕭繹有句云：『願襲芙蓉裳。』序文中『大堤』、『芙蓉』、『曲渚』等語大抵本此。南朝清商曲歌詞由女妓演唱，內容多述男女情愛，宮體詩即深受其影響。《江南弄》又是長短句雜言。從內容、形式、風格、演唱者及功能等諸方面看，唐五代詞的確和清商曲頗多類似，雖然音樂系統已有不同。歐陽炯具體說明二者之間的繼承關係，是有道理的。在唐代前中期，人們一提到宮體詩，往往把它們作為貶責奚落的對象。歐陽炯對承襲宮體詩的花間詞，作了不少讚美，譽為『清絕之辭』，這反映了在晚唐五代豔體詩詞的發展和文人們文學觀念的巨大變化。」[8]這個分析與評價頗為中肯。這種「巨大變化」，就是「新變」，它是梁代文學「新變」的復甦，也是對梁代文學「新變」的否定之否定。

對於詞的功能，《花間集序》中指出：「則有綺筵公子，繡幌佳人，遞葉葉之花箋，文抽麗錦；舉纖纖之玉指，拍按香檀。不無清絕之辭，用助嬌嬈之態。」說明詞是由佳人按拍演唱，供公子佳人筵間娛樂之用，它與教化沒什麼關係，它可以侑酒佐歡，「助嬌嬈之態」，「資羽

8　王運熙、楊明：《隋唐五代文學批評史》，上海古籍出版社1994年版，第712頁。

蓋之歡」，而且有了花間新詞，清商舊曲的「蓮舟之引」就不必再唱了，這就充分肯定了「彌患凡舊」的審美趨向，也充分讚美了花間詞具有新鮮的娛樂價值。從某些方面說，《花間詞序》是倡導「新變」的宣言書。

第五章

宋金元文論中的「新變」

第一節　宋代文論「新變」的特點

論述宋代的「新變」，是個較為棘手的問題，若以齊梁文學「新變」和晚唐五代的「新變」模式和美學內涵來衡之宋代，就很難看到那種「新變」。概括起來，齊梁、晚唐兩個歷史時代的「新變」大約有三個特點：其一，只重文學的審美娛樂作用，不重教化作用；其二，極力追求新異，追求形式的華美（包括聲韻之美），反對復古模擬；其三，不僅主張詩歌要「吟詠情性」，而且要突破「發乎情，止乎禮義」的限制，要求「性靈搖盪」，故在創作實踐上產生了宮體詩、豔情詩、豔體詩與花間詞。按照以上三條來看宋代文論家的理論，很難找到這種「新變」的代表人物與代表觀點。葉燮在《原詩》中曾說「一代有一代之詩教」，將此觀點移之於「新變」中，則可以說一代有一代的「新變」。

任何一個範疇在它形成時期雖有一定的質的規定性，有一定的美學內涵，但不是凝固的、一成不變的。「新變」在每個時代都有所表現，「若無新變，不能代雄」放在任何時代都是正確的。以宋詩為例，宋詩是主變主創的，歷代詩論家已有不少這方面的論述。許學夷《詩源辯體》云：「宋人五七言古，出於退之、樂天者為多，其構設奇巧，快心露骨，實為大變。而高才之士每多好之者，蓋以其縱恣變幻，機趣靈活，得以肆意自騁耳。」又説：「宋主變，不主正，古詩、歌行，滑稽議論，是其所長。其變幻無窮，凌跨一代，正在於此。或欲以論唐詩者論宋，正如求中庸之言於釋、老，未可與語釋、老也。」（《詩源辯體後集纂要》卷一）葉燮《原詩》指出：「宋初，詩襲唐人之舊，如徐鉉、王禹偁輩，純是唐音。蘇舜欽、梅堯臣出，始一大變。」（〈內篇〉上）「唐詩為八代以來一大變。韓愈為唐詩之一大變；其力大，其思雄，崛起特為鼻祖。宋之蘇、梅、歐、蘇、王、黃[1]，皆愈為之發其端，可謂極盛。」（〈內篇〉上）「自梅、蘇變盡『昆體』，獨創生新，必辭盡於言，言盡於意，發揮鋪寫，曲折層累以進之，竭盡乃止。」（〈外篇〉下）「如蘇軾之詩，其境界皆開闢古今之所未有，天地萬物，嬉笑怒罵，無不鼓舞於筆端，而適如其意之所欲出。此韓愈後之一大變也，而盛極矣。」（〈內篇〉上）明清兩代有眼光的詩論家，都看出了宋詩的大變，這種「大變」，不是「正變」，也不是「通變」，而是「開闢古今所未有」的新境界，「獨創生新」的「新變」。宋詩處在唐詩這一詩歌高峰之後，為了宋詩的生存與發展，迫使宋代詩人不得不進行「新變」，以此來開創宋詩的道路。宋詩的「新變」，近代學者亦偶有論及者。郭紹虞先生在論及《北宋詩論與其作風》之後總結説：

1　此六人分別指蘇舜欽、梅堯臣、歐陽修、蘇軾、王安石、黃庭堅。

　　以上是就可以代表宋詩作風方面講的。事實上，每一時代總有演變的，也有沿襲的。就文學史方面講，歐梅蘇黃的確創造了宋詩特殊的風格，可以說是演進的，但是正因走上了純藝術的道路，所以這種演進，也就成為「新變」而不成為「通變」。[2]

　　郭先生對「新變」與純藝術論都是持否定態度的，他又是以復古為「通變」的，這二點與筆者看法並不相同，但他看出了宋詩的「新變」，對我們還是有啟發的。

　　朱自清先生《詩言志辨》云：

　　原來宋詩自黃庭堅以來，有意地求新求變求奇。他指出「以俗為雅，以故為新」的法門，說是「舉一綱而張萬目」，並且說這是「詩人之奇」（《再次韻楊明叔詩》引，《山谷詩內集》十二）。又倡所謂奪胎換骨法，……這又是「以故為新」的節目。黃氏開示了這種法門，給後學無窮方便；大家都照他指出的路子「窮力追新」，這就成了江西詩派 —— 惟其有法門可以傳授，才能自立宗派。但宗派既成，沿流日久，又不免劉勰說的「齷齪於偏解，矜激乎一致」，「競今疏古，風昧氣衰」。於是乎從朱子起又有了復古論。這回的復古的理論到了明代實現，所謂「文必秦漢，詩必盛唐」；但也造成了一種新風氣。[3]

　　朱自清先生從江西詩派的新變到朱熹的復古，勾勒出一個循環圈。但宋詩的「新變」理論並非只黃庭堅一人所有。葉燮指出六家，

2　郭紹虞：《中國文學批評史》，第185頁。

3　《朱自清說詩》，上海古籍出版社1998年版，第162頁。

現以蘇、梅、蘇、黃四家為例，對其「新變」理論，簡述於下。

第二節　梅堯臣的「新變」論

梅堯臣是北宋詩文革新運動的一員，也參與過政治革新。由於宋太祖趙匡胤制定了重視知識分子的政策，任用文人執政，提高諫官的地位，鼓勵言事，這就助長了知識分子的參政意識，他們敢於議論時政，批評的矛頭往往直接針對君主與朝廷，產生「君臣之間，可否相濟」（蘇軾《辯試館職箚子》）的大膽言論，這實際上是謀求君權與臣權的互相牽制與平衡，是限制君權。這是宋代知識分子的民主精神與個體意識的表現。這種精神在文學理論上必然有所投射。梅堯臣在《答韓三子華韓五持國韓六玉汝見贈述詩》中曾說：

因事有所激，因物興以通。自下而磨上，是之謂〈國風〉。〈雅〉章及〈頌〉篇，刺美亦道同。

他指出〈國風〉是「自下而磨上」的產物，也就是說風詩是臣下百姓救治在上者的缺點過失而作的。《詩經》〈大雅〉〈抑〉云「白圭之玷，尚可磨也。」《詩經》〈衛風〉〈淇澳〉：「如切如磋，如琢如磨。」揚雄《法言》〈學行〉：「學以治之，思以精之，朋友以磨之。」這都說明「磨」字含有朋友間的互相批評、互相切磋之義。儒家傳統的教化說，致意之點是上對下的教化。〈詩大序〉云：「風，風也，教也。」又云：「上以風化下，下以風刺上。」重點強調的都是自上而下的教化，而梅堯臣把「自下而磨上」即「下以風刺上」置於首位，賦予它獨一無二的地位，這是很值得注意的。他把傳統的「教化」說轉化為

「美刺」說，這是文學社會功能的新轉化，是當時產生的民主精神在詩學上的反映，六朝末期與晚唐的「新變」只強調文學的審美娛樂作用，是有片面性的。宋初的詩文革新者既重視文學的社會作用，又重視文學的審美作用，是較全面的認識。在對文學的社會作用的論述中，已蘊涵著新的取向，這也說明宋代的「新變」並非是純藝術的。

　　梅堯臣主「新變」的理論，還表現在論詩主張「意新語工，得前人所未道」的方面，歐陽修《六一詩話》引錄梅堯臣的一段話說：

　　聖俞嘗謂予曰：「詩家雖率意，而造語亦難。若意新語工，得前人所未道者，斯為善也。必能狀難寫之景如在目前，含不盡之意見於言外，然後為至也。」

　　又，陳師道《後山詩話》曾引梅堯臣詩論一則：

　　閩士有好詩者，不用陳語常談，寫投梅聖俞，答書曰：「子詩誠工，但未能以故為新，以俗為雅爾。」

　　「以故為新，以俗為雅」，蘇軾、黃庭堅也說過，但以梅堯臣所說為最早。所謂「以故為新」云云，是將舊有的東西轉化為新的，變為新的，如同「化腐朽為神奇」一樣，是離不開變化的。這實際上是一種求新的變。

第三節　蘇舜欽的「新變」論

　　蘇舜欽（1008-1048）的詩論，與梅堯臣的「自下而磨上」的精神

頗為一致，其《石曼卿詩集序》云：

> 詩之作，與人生偕者也。人函愉樂悲鬱之氣，必舒於言。能者財
> 之傳於律，故其流行無窮，可以播而交鬼神也。古之有天下者，欲知
> 風教之感，氣俗之變，乃設官采掇而監聽之。由是弛張其務，以足其
> 所思，故能長久長久（長治久安），弊亂無由而生。厥後官廢，詩不
> 傳，在上者不復知民志之所向，故政化煩悖，治道亡矣。……而曼卿
> 之詩，又時震奇發秀，蓋取古之所未至，托諷物象之表，警時鼓眾，
> 未嘗徒役。[4]

蘇舜欽強調指出，人有「愉樂悲鬱」之情，這種感情一定會抒發
出來，是不能進行壓制的。這肯定了詩歌抒發感情的必然性與合理
性，觸及創作自由的問題。他對「愉樂悲鬱」之情並未加以限制，如
〈詩大序〉所云：「發乎情，止乎禮義。」其次，他指出，執政者必須
聽從民眾的聲音，並據以調整其政治措施，如「在上者不復知民志之
所向」，片面強調「以上化下」，必然「政化煩悖」，導致國家的危亡。
他突破了「先王之澤」與「教化」之說，蘊涵著鮮明的民主意識，而
對傳統詩論有質變性的改造，這是政治改革與詩文革新相結合的思想
在詩論中的反映，因此具有「新變」的形態。這種思潮也與當時新興
世俗觀念有連繫。而且持這種觀點的人並非個別，如李覯（1009-1059）
在《原文》中就肯定「利」與「欲」是人生的正當要求，只要「不貪
不淫」，「利」與「欲」都是在文學中可以表現的。他說：

4　陶秋英編選：《宋金元文論選》，第97頁。

利可言乎？曰：人非利不生，易為不可言？欲可言乎？曰：欲者
人之情，曷為不可言？言而不以禮，是貪與淫，罪矣；不貪不淫，而
曰不可言，無乃賊人之生，反人之情！世俗之不憙儒以此。……孔子
七十所欲不踰矩，非無慾也；於詩則道男女之時，容貌之美，悲感望
念，以見一國之風，其順人也至矣。學者大抵雷同，古之所是，則謂
之是；古之所非，則謂之非。詰其所以是非之狀，或不能知。古人之
言，豈一端而已矣？[5]

這種大膽肯定世俗人欲的合理性，把扼殺人欲視為「賊人之生，
反人之情」，認為人的各種感情在詩中均可表現，如「男女之時」、「容
貌之美」、「悲感望念」都可以表現，又反對以古人之是非為是非。這
種思想，閃耀著某種新興意識的光芒，與當時已抬頭其後其勢頗熾的
理學是對立的。新變思潮與復古思潮是對立的，也與「存天理、滅人
欲」的理學是對立的。如與李覯差不多同時的理學家周敦頤，在《通
書》中，就反對「代變新聲」（實即「新變」），反對「導欲」、「助欲」，
甚至連「愁怨」之情都加以排斥。他說：

後世禮法不修，刑政繁苛，縱慾敗度，下民困苦。謂古樂不足聽
也，代變新聲。妖淫愁怨，導欲增悲，不能自止。故有賊君棄父，輕
生敗倫，不可禁者也。嗚呼！樂者，古以平心，今以助欲；古以宣
化，今以長怨。不復古禮，不變今樂，而欲至治者，遠矣。

理學家邵雍（1011-1077）論詩，公然反對抒情，其《伊川擊壤集

5　陶秋英編選：《宋金元文論選》，第102頁。

自序》云：「近世詩人，窮戚則職於怨憝，榮達則專於淫佚。身之休戚，發於喜怒；時之否泰，出於愛惡。殊不以天下大義而為言者，故其詩大率溺於情好也。噫，情之溺人者甚於水。」我們將梅堯臣、蘇舜欽、李覯的文論與北宋理學家周敦頤、邵雍相比較，便可看出他們之間的明顯對立。

第四節　蘇軾的「新變」論

蘇軾是一個思想解放、個性鮮明的人，其世界觀中又有明顯的離經叛道傾向，力求擺脫加於人身上的各種束縛，主張創作自由，敢於大膽地發表議論，不避忌諱，是一位富有「新變」氣質的人。若只注意他的「以故為新，以俗為雅」（《題柳子厚詩》）是遠遠不夠的。他比李覯更明確地肯定人的情感、慾望和個人意志。他在《揚雄論》中說：

> 人生莫不有飢寒之患、牝牡之慾。今告乎人曰飢而食，渴而飲，男女之慾不出於人之性，可乎？是天下知其不可也。

對傳統儒學和道學用封建禮法桎梏人的情感、慾望的做法，蘇軾是反對的。故其後蘇軾遭到道學家朱熹的猛烈攻擊。他説蘇軾「語道則學迷大本，論事實則尚權謀、衒浮華、忘本實、貴通達、賤名檢。此其害天理、亂人心、妨道術、敗風教」（朱熹《答汪尚書》）。蘇軾要求創作有極大限度的表達自由，要求擺脫一切束縛與精神枷鎖，要敢於直抒胸臆，無所顧忌，敢於譏刺時政，敢於怒罵，突破了儒家「溫柔敦厚」的詩教。

他說：「好詩出口誰能擇，俗子疑人未遣聞。」（《重寄孫侔》）「言發於心而衝於口，吐之則逆人，茹之則逆予，以謂寧逆人也，故卒吐之。」（《錄陶淵明詩》）他自言：「吾文如萬斛泉源，不擇地而出。在平地滔滔汩汩，雖一日千里無難。及其與山石曲折，隨物賦形，而不可知也。所可知者，常行於所當行，常止於不可不止，如是而已矣。」（《文說》）道學家也常以此來攻擊蘇軾。如「二程」的門人楊時（1053-1135）說：「觀蘇東坡詩，只是譏誚朝廷，殊無溫柔敦厚之氣，以此人故得而罪之。」（《語錄》）實際上蘇軾的「嬉笑怒罵，皆成文章」（黃庭堅《東坡先生真贊》），正是蘇詩變古創新的重要特徵之一，也是蘇軾對「下以詩刺上」所作的「奇特解會」。

第五節　黃庭堅的「新變」理論與宋詩道路

黃庭堅（1045-1105）論詩，提出了一系列與「新變」有關的言論。黃庭堅是江西詩派的宗祖，其論詩既主變，又主創。劉克莊《江西詩派小序》云：「豫章（指黃庭堅）稍後出，薈萃百家句律之長，窮極歷代體制之變，搜獵奇書，穿穴異聞，作為古律，自成一家，雖隻字半句不敢出，遂為本朝詩家宗祖。」黃庭堅十分重視詩法的探討，目的在於超越前人，獨立創造。黃庭堅也說過「以俗為雅，以故為新」的話。其《再次韻楊明叔小序》云：

　　蓋以俗為雅，以故為新，百戰百勝，如孫、吳之兵，棘端可以破鏃，如甘蠅、飛衛之射，此詩人之奇也。

甘蠅、飛衛都是古代的善射者。《列子》〈湯問〉：「甘蠅，古之善

射者，彀弓而獸伏鳥下。弟子名飛衛，學射於甘蠅，而巧過其師。」宋葛立方《韻語陽秋》卷三引此段文字，與《再次韻楊明叔小序》略有不同。云：「山谷嘗與楊明叔論詩，謂以俗為雅，以故為新，百戰百勝。如孫、吳之兵，棘端可以破鏃；如甘蠅、飛衛之射，捏聚放開，在我掌握。」足見此說在宋代頗有影響。雖然梅堯臣、蘇軾、黃庭堅都說過「以俗為雅，以故為新」的話，其內涵也不完全相同。蘇軾以「有為而作」為前提，認為在追新求奇時無須迴避陳言俗語，常言可以有新意，俗語可以有雅趣。關鍵是善於轉化，即如何「為」的問題。黃庭堅的「以俗為雅，以故為新」是與「點鐵成金」、「奪胎換骨」組成一個追新求變的系列。「點鐵成金」之說，見於黃庭堅《答洪駒父書》：

> 自作語最難，老杜作詩，退之作文，無一字無來處，蓋後人讀書少，故謂韓、杜自作此語耳。古之能為文章者，真能陶冶萬物，雖取古人陳言入於翰墨，如靈丹一粒，點鐵成金也。

「奪胎換骨」為惠洪《冷齋夜話》卷一所引：

> 山谷曰：詩意無窮，而人之才有限；以有限之才，追無窮之意，雖淵明、少陵不得工也，然不異其意而造其語，謂之換骨法；窺入其意而形容之，謂之奪胎法。

其實說杜、韓「無一字無來處」是誇大其詞，也抹殺了二人詩文中的創造性。但「點鐵成金」、「奪胎換骨」說的實質是融化前人陳言而再鑄偉詞，化用前人詩中的意蘊而加以豐富、擴充或改造，還不失為一種推陳出新的方法，有求新求變的取向，這只限於詩法的「新

變」，是限製作家創造力的「新變」，黃庭堅本有超越前人獨闢蹊徑的雄心，但「點鐵成金」、「奪胎換骨」並未表現出這種雄心。呂本中《童蒙詩訓》說：「魯直云『隨人作詩終後人』，又云『文章且忌隨人後』。」這些似乎比「點鐵成金」、「奪胎換骨」更富獨創精神。但他的「新變」有點先天不足，以致遭到後人的批評。金人王若虛《滹南詩話》云：「魯直論詩有『奪胎換骨』、『點鐵成金』之喻，世以為名言，以予觀之，特剽竊之黠者耳。」此言雖有些偏激，但確也擊中了黃庭堅理論的失誤之處。

　　宋詩發展到黃庭堅，由於有了可依之詩法，便形成了宗派，這便是代表宋詩道路的江西詩派。江西詩派的詩論有一個共同的特點，那便是在強調師法的同時，要求具有一定的創造精神，這本來是「通變」的問題，他們繼承、借鑑是為了創新，為了建立宋詩的風格，因此，可以說他們是通過「通變」的途徑而達到「新變」的境界。他們所要師法古人的為文法度，是「活法」而不是「死法」。蘇東坡提出「出新意於法度之中，寄妙理於豪放之外」（《書吳道子畫後》），也是指的「活法」。後呂本中提出「活法」與「悟入」。何謂「活法」？按照呂本中的解釋，「所謂活法者，規矩備具，而能出於規矩之外；變化不測，而亦不背於規矩也。是道也，蓋有定法而無定，無定法而有定法。知是者則可以與語活法矣」（《夏均父集序》）。他的「活法」與「變化不測」是相連繫的。「定法」易於遵循，「活法」難於領會，為了掌握「活法」，呂本中又提出「悟入」說：「作文必須悟入處，悟入必自工夫中來，非僥倖可得也。」（《童蒙詩訓》）「悟入」還是離不開「讀書萬卷」、積學飽參的工夫。「活法」、「悟入」與黃庭堅的「奪胎換骨」有一定的淵源關係。俞成《螢雪叢說》曾加以概括說：「文章一技，要自有活法；若膠古人之陳跡而不能點化其句語，此乃謂之死法，死法專祖蹈

襲，則不能生於吾言之外；活法奪胎換骨，則不能斃於吾言之內。」
（卷上）「活法」、「悟入」之說，為江西詩派所樂道。陳師道云：「學
詩如學仙，時至骨自換。」（《答秦少章》）韓駒云：「學詩當如初參禪，
未悟且遍參諸方。一朝悟罷正法眼，信手拈出皆成章。」（《贈趙伯魚》）
曾茂云：「學詩如參禪，慎勿參死句。……忽然毛骨換，政用口訣故。
居仁說活法，大意欲人悟。」（《讀呂居仁詩懷舊》）這些說法都淵源於
黃庭堅，而且對嚴羽的「以禪喻詩」和「妙悟」有直接的影響。黃庭
堅是主創新而知變化的，呂本中繼承的正是這種主創知變的精神。他
說：「老杜詩云『詩清立意新』，最是作詩用力處，蓋不可循習陳言，
只規摹舊作也。魯直云『隨人作詩終後人』，又云『文章且忌隨人後』。
此自魯直見處也。近世人學老杜多矣，左規右矩，不能稍出新意，終
成屋下架屋，無所取長。獨魯直下語，未嘗似前人而卒與之合，此為
善學。如陳無己力盡規摹，已少變化。」[6]（《童蒙詩訓》）可見其既重
新又重變的意旨。

　　呂本中還主張學習古代優秀的文學遺產，不可盲目崇拜而一味模
仿，要取其所長而棄其所短。《童蒙詩訓》云：「學古人文字，須得其
短處。如杜子美詩，頗有近質野處，如《封主簿親事不合詩》之類是
也。東坡詩有汗漫處；魯直詩有太尖新、太巧處，皆不可不知。」[7]這
是以「復古為通變」的論者未曾注意之點，追其淵源，與梁代「新變」
派蕭綱的言論有一脈相承的關係。蕭綱在《與湘東王書》中說：「又時
有效謝康樂、裴鴻臚文者，亦頗有惑焉。何者？謝客吐言天拔，出於
自然，時有不拘，是其糟粕；裴氏乃是良史之才，了無篇什之美。是

6　郭紹虞：《宋詩話輯佚》下冊，中華書局1980年版，第596頁。

7　郭紹虞：《宋詩話輯佚》下冊，中華書局1980年版，第591頁。

為學謝則不屆其精華，但得其冗長；師裴則蔑棄其所長，惟得其所短。謝故巧不可階，裴亦質不宜慕。……至如近世謝朓、沈約之詩，任昉、陸倕之筆，斯實文章之冠冕，述作之楷模。」在這裡蕭氏提出師法前人之作要區分精華與糟粕、「長」與「短」的問題，與呂本中所說的棄其所短、取其所長有相通之處，這也是呂氏與「新變」派「心有靈犀一點通」的地方。「新變」派都是反對盲目崇古、一味仿古的，為了走自己的路，必須變古創新、求新求變。

第六節　嚴羽對宋詩「新變」的概括與總結

嚴羽（1192-1264）的《滄浪詩話》，是宋代詩話的佼佼者，也是宋代詩學的總結。全面評價它不是本書的任務，我們主要考察它與「新變」的關係。《滄浪詩話》〈詩辨〉云：

夫學詩者以識為主：入門須正，立志須高；以漢魏晉盛唐為師，不作開元、天寶以下人物。……工夫須從上做下，不可從下做上。先須熟讀《楚辭》，朝夕諷詠以為之本；及讀《古詩十九首》、樂府四篇，李陵、蘇武、漢魏五言皆須熟讀，即以李、杜二集枕藉觀之，如今人之治經，然後博取盛唐名家，醞釀胸中，久之自然悟入。雖學之不至，亦不失正路。

學習古之詩只言楚辭以下而不及《詩經》，師古而不宗經。又「以漢魏晉盛唐為師」，不以宋齊梁陳為師，可見對南朝中後期的文學「新變」抱有成見。於唐詩獨尊盛唐，又明確提出「不作開元、天寶以下人物」，可見他對中晚唐詩及宋詩均有所不滿。但他對宋詩的概括，卻

把宋詩特別是蘇軾、黃庭堅以及江西詩派的「新變」，概括得頗為中肯，雖然他對這種「新變」並不以為然。他說：

　　夫詩有別材，非關書也；詩有別趣，非關理也。然非多讀書，多窮理，則不能極其至。……詩者，吟詠情性也。盛唐諸人惟在興趣，羚羊掛角，無跡可求。……近代諸公乃作奇特解會，遂以文字為詩，以才學為詩，以議論為詩。夫豈不工，終非古人之詩也。蓋於一唱三歎之音，有所歉焉。且其作多務使事，不問興致；用字必有來歷，押韻必有出處，讀之反覆終篇，不知著到何在。其末流甚者，叫噪怒張，殊乖忠厚之風，殆以罵詈為詩。詩而至此，可謂一厄也。然而近代之詩無取乎？曰：有之，吾取其合於古人者而已。國初之時尚沿襲唐人……至東坡山谷始自出己意以為詩，唐人之風變矣。（《滄浪詩話》〈詩辨〉）

　　「別材」、「別趣」之說，以及對唐詩的評價等爭論頗多，因與「新變」關係不大，我們不多置論。「自近代諸公」以下是專論宋詩的。所謂「近代諸公」指蘇軾、黃庭堅及江西詩派諸作家。「奇特解會」，指他們對詩做出不尋常的理解領會。郭紹虞先生《滄浪詩話校釋》指出，「奇特解會」乃禪家語，出自《五燈會元》。其實作禪家語與不作禪家語理解並無多大差別。由於近代諸公沒有遵照傳統詩學的路子論詩作詩，卻對詩作了「奇特解會」，於是產生了宋詩「新變」的三大特徵：
　　其一，是以「文字為詩」，實即是「以文為詩」，指宋詩散文化的傾向。「以文為詩」韓愈已開其端，蘇、黃又加以發展，走上散文化的道路，這是宋詩的一大變化。這種變化，引起後人非議，也連及對「以文為詩」的評價。陳師道針對韓愈的「以文為詩」，批評其「雖極天下

之工，要非本色」（《後山詩話》），則是從詩歌的「當行」、「本色」來反對「以文為詩」的。嚴羽也大體若是。

其二，是「以才學為詩」，包括「多務使事，不問興致；用字必有來歷，押韻必有出處」。這是針對蘇、黃而言的。在嚴羽之前，張戒《歲寒堂詩話》曾批評過蘇、黃的「用事押韻之工」，並追溯了這種風氣的淵源。他說：詩以用事為博，始於顏光祿而極於杜子美。以押韻為工，始於韓退之而極於蘇、黃。然詩者，志之所之也。……用事押韻，何足道哉！蘇、黃用事押韻之工，至矣盡矣，然究其實，乃詩人中一害，使後生只知用事押韻之為詩，而不知詠物之為工，言志之為本也，〈風〉、〈雅〉自此掃地矣。[8]

「以用事為博」並非就是「新變」，鍾嶸《詩品》就批判過這種「拘攣補衲，蠹文已甚」的創作傾向，並諷刺他們「雖謝天才，且表學問」，但與蘇、黃並無關係。「以押韻為工」，與蘇、黃確有關係，經他們之手已經發展到極點。張戒以「言志為詩之本」，把用事押韻之工視為微不足道，這還是傳統的詩學觀點。此種看法為嚴羽所吸收。魏泰也批評黃庭堅「專求古人未使之事，又一二奇字綴茸而成詩，自以為工，而實所見之僻也，故句雖新奇而氣乏渾厚」（《臨漢隱居詩話》）。嚴氏與張戒略有不同的是前者強調吟詠情勝，後者強調言志，他們似乎認為「以才學為詩」影響抒情言志，這一問題很難說誰對誰錯，我們只想說明「以才學為詩」與宋詩的「新變」有無關係。由於印刷技術的發展，宋代公私刻書已頗為盛行，書籍作為商品在社會上流通，

8　丁福保輯：《歷代詩話續編》上冊，中華書局1983年版，第452頁。

經、史、子、集之書閱讀較前代大為方便，唐以前的類書宋代均有刻本，宋代又編輯了不少類書，所以宋代詩人有許多是淵博的學者，這無疑會助長詩歌創作中崇尚「學問」、「用事」的風氣，雖與「新變」關係不大，卻助長了宋詩大變唐風的「新變」。

　　其三，是「以議論為詩」，的確是宋詩的特色，《詩經》、漢魏古詩、唐詩並非無議論，但不過偶爾用之，議論之中並無太多的哲理。宋代是崇尚哲理的時代，又有在詩歌中追求「理趣」的風氣。如蘇軾的《題西林壁詩》：「橫看成嶺側成峰，遠近高低各不同。不識廬山真面目，只緣身在此山中。」把景物與哲理通過詩歌形象，自然地融為一體，頗有理趣。當然如果抽象說理，把詩歌變成機械的理語鋪陳，也會出現「理障」。「以議論為詩」追求理趣，確是宋詩的作風，也是宋詩「新變」的一個方面。在嚴羽之前，張戒對此作風也深為不滿。他說：「子瞻以議論作詩，魯直又專以補綴奇字，學者未得其所長，而先得其所短，詩人之意掃地矣。」（《歲寒堂詩話》卷上）張戒、嚴羽二人對「以議論為詩」的基本態度是一致的。

　　其四，是「以罵詈為詩」，這是專指蘇軾的。黃庭堅也反對以罵詈為詩。他說：「詩者人之性情也，非強諫爭於廷，怨仇詬於道，怒鄰罵坐之為也。」（《書王知載朐山雜詠後》）嚴羽指責「以罵詈為詩」是「叫噪怒張，殊乖忠厚之風」，是從維護儒家詩教的立場出發的，同時也繼承了黃庭堅的觀點。

　　嚴羽雖不贊成蘇、黃及江西詩派的「新變」，但他對宋詩的「新變」有較敏銳的感受。對於宋詩的發展，他從蘇東坡開始劃了一道線，提出：「至東坡山谷始自出己意以為詩，唐人之風變矣。」這是有藝術眼光的。他把宋詩「新變」的諸多方面，概括得比較全面，在蘇、黃的文論中，還很難找到如此全面而系統的論述與總結，這可能是「不

識廬山真面目，只緣身在此山中」的緣故吧。正像齊梁文學的「新變」
一樣，一方面出自「新變」派的自述，一方面出自反對派之口，這種
反對派又分兩種，一是當時的反對派，一是後代的史學家，如對齊梁
文學「新變」的概括，初唐史學家的概括是一個不可忽視的方面。齊
梁文學「新變」的末流，初唐史學家看得較為清楚。宋詩「新變」的
末流，宋詩道路的弊端，嚴羽看得也比較清楚。但從另一方面說，嚴
羽對以蘇、黃為代表的宋詩道路的創新精神，是認識不足的，他的尊
唐抑宋的觀點，雖不能說是復古，卻對明代前、後「七子」的復古主
張，有較大影響，「詩必盛唐」、「唐以後無詩」的復古觀點，是濫觴於
嚴羽的。

第六章

從復古走向「新變」的明代

第一節　明代新的經濟因素、新的思潮與文學「新變」的關係

　　明代的「新變」論比起宋代來要輝煌得多，而且豐富多彩。宋代「新變」論的特點是識變創新，在詩的風格上是大變唐風而形成宋詩的風格，他們大多沒有丟掉傳統的詩學概念，多在舊的詩學概念上作一些「奇特解會」，比如將「上以風化下」改為「自下而諷上」，在「文」與「道」的關係上對「道」作新的解釋，如蘇軾對「文」與「道」關係的理解，對「辭達」的理解，都是建立在「奇特解會」基礎之上的。「以文字為詩，以才學為詩，以議論為詩」等等，都是在前人（指杜、韓等）的基礎上再加以發展而達到極致。他們之中的個別人有民主思想的閃光與火花，有離經叛道的傾向，但都是比較微弱和有限的。就

拿蘇軾來說，他雖然是一個思想解放的人，但他又是一個找不到寄託的人。有的研究者指出：「東坡畢竟生得早了一些。他對舊世界失去了熱情，卻還沒有看到新的社會力量。他不願再做一個封建衛道者，卻還沒有產生新的社會理想。因此，他只能嚮往在精神上對舊世界、舊思想的解脫。『缺月掛疏桐，漏斷人初靜。惟見幽人獨往來，縹緲孤鴻影。驚起卻回頭，有恨無人省。揀盡寒枝不肯棲，寂寞沙洲冷。』（《卜算子》）這是對新的寄託的苦苦追求，又是找不到寄託的深沉的感嘆。」[1]分析得頗為形象，宋代「新變」的先天不足，與此不無關係。

到了明代便不同了。明代中後期的嘉靖、萬曆年間，出現了新的經濟因素——資本主義的萌芽，商品經濟頗為發達，隨之而來的是市民階層的壯大，並逐漸登上政治舞台，程朱理學日益失去桎梏人心的作用。王陽明的「心學」與已程朱理學形成對抗。王學左派從王陽明的學說出發，發展到與孔孟之道為主體的封建思想相對立的程度，他們要求衝破封建禮教的羅網和孔孟之道的束縛，向著個性解放的道路上迅跑，他們充分肯定自我，肯定人情物慾，這是一股不可遏制的新思潮。

明代後期文學上要求「新變」的呼聲，正是這種新思潮在文學批評領域的反映。一代有一代的「新變」，明代的「新變」是與新思潮有密切關係的。現以徐渭、李贄、袁宏道等人為例，對他們的「新變」理論主張，略加闡述。

1　蔡鍾翔、成復旺、黃保真：《中國文學理論史》（二），北京出版社1987年版，第357頁。

第二節　徐渭對復古模擬的批判與主張「真情」、「自得」 和獨創

徐渭（1521-1593）是明代後期在文學思想上閃耀著叛逆光芒的人，也是對明中葉文學復古思潮的第一個批判者。其《葉子肅詩序》云：

人有學為鳥言者，其音則鳥也，而性則人也。鳥有學為人言者，其音則人也，而性則鳥也。此可以定人與鳥之衡哉。今之為詩者，何以異於是，不出於己之所自得，而徒竊於人之所嘗言，曰：某篇是某體，某篇則否；某句似某人，某句則否。此雖極工逼肖，而已不免於鳥之為人言矣。若吾友子肅之詩則不然，其情坦以直，故語無晦；其情散以博，故語無拘；其情多喜而少憂，故語雖苦而能遣其情，好高而恥下，故語雖儉而實豐，蓋所謂出於己之所自得而不竊於人之所嘗言者也。就其所自得，而論其所自鳴，規其微疵而約於自純，此則謂之所獻於子肅者也。若曰某篇不似某體，某句不似某人，是烏知子肅者哉！（《徐渭集》〈徐文長三集〉卷十九）

他形象地把復古模擬者比作鳥之學人言，並加以抨擊，反對創作上「某篇似某體」、「某句似某人」的倣傚，而積極主張詩歌創作要有自己的真性情與真面目，即要有自己的創新，要「出於己之所自得，而不竊於人之所嘗言者也」，同時還要求語言上要「無晦」（不晦澀）、「無拘」（不受拘束），這比韓愈的「辭必己出」、「惟陳言之務去」等，更進了一步。

為了擺脫復古思潮的影響，徐渭對於前、後「七子」主張的「格

高」、「調古」亦不屑一顧，他從真情出發，對格調說亦進行了批判。
其《蕭甫詩序》云：

> 古之詩本乎情，非設以為之者也。是以有詩而無詩人。迨於後
> 者，則有詩人矣。乞詩之目多至不可勝應，而詩之格亦多至不可勝
> 品。然其於詩，類皆本無是情，而設情以為之。夫設情以為之者，其
> 趨在於干詩之名。干詩之名，其勢必至於襲詩之格而剿其華詞。審如
> 是則詩之實亡矣。（《徐渭集》〈徐文長三集〉卷十九）

「設情以為之」，類似劉勰所批判過的「為文造情」，當然不會有
什麼真性情，詩至此也就名存而實亡了，剩下的便是拘守古人格調，
抄襲古人華詞而已。這些都是針對「七子」派的復古而發，其精神實
質是主張「真情」、「自得」與獨創。

第三節　李贄的「童心」說與「新變」之關係

李贄（1527-1602）則以王學左派的「心」學為武器，向封建傳統
禮教和宋明理學發起猛烈的抨擊，比起徐渭來，更帶有叛逆色彩。李
贄認為，文學是隨著時代的發展而發展的。而他的理論核心便是「童
心說」。什麼是「童心」，李贄自己的解釋是：「夫童心者，絕假純真，
最初一念之本心也。若失卻童心，便失卻真心；若失卻真心，便失卻
真人。人而非真，全不復有初矣。」（《焚書》卷三〈童心說〉）論者多
有指出，李贄的「童心」說，與王守仁的「真己」、「良知」之說，在
理論形式上頗為相似，這是不錯的。其實「童心」說也與佛家的「本
真」有相似之處。李氏是深通佛學的。袁中道的《李溫陵傳》（李贄福

建泉州人，泉州又稱溫陵，故其別號溫陵居士）説他：「每至伽藍，判了公事，坐堂皇上，或置名僧其間，簿書有隙，即與參論虛玄。」[2]《焚書》中亦有不少篇是談佛學的（包括佛學的答問），可見他與佛學已結下不解之緣。「童心」説之所以能與「新變」論搭上關係，一是它有明確的針對性，它是針對宋明理學蔽塞人性而發的。他以「童心」論文時，認為天下之至文皆生於「童心」，為了保護「童心」，他主張排斥「道理」與「聞見」的障礙。

結合當時的現實來看，「道理」應指當時居於主要地位的理學，「聞見」當指封建社會末期所出現的種種醜惡現象。「童心」説與「新變」的另一關係，是離經叛道的反傳統精神。他把「童心」視為絕對的「真」，「非童心自出之言」一切都是偽的，人是偽人，事是偽事，文是偽文。以「道理」為文，便是以偽人作偽言，滿場皆偽。他甚至尖鋭地指出：「《六經》、《語》、《孟》，乃道學之口實，偽人之淵藪也。斷斷乎其不可以語於童心之言明矣。」把作為儒家經典的《六經》和《論語》、《孟子》，視作「偽人之淵藪」，如此大膽的獨創之言，是歷史上少有人敢這樣説的。由此生發，他把「童心」作為文學發展演變與創新的活力或原動力來看待，他又説：

苟童心常存，則道理不行，聞見不立，無時不文，無人不文，無一樣創製體格文字而非文者。詩何必古《選》，文何必先秦。降而為六朝，變而為近體，又變而為傳奇，變而為院本，為雜劇，為《西廂記》，為《水滸傳》，為今之舉子業，皆古今至文，不可得而時勢先後論也。故吾因是而有感於童心者之自文也，更説什麼《六經》，更説什

2　《焚書　續焚書》，中華書局1975年版，第3頁。

麼《語》、《孟》乎？（《童心說》）

　　排除「道理」、「聞見」，主張「童心自文」，當然有其侷限性。朱熹認為有了「道」便有了一切，「文」自然會從「道」中流出。李贄從朱熹的一個極端走向另一個極端，認為有了「童心」，便有了一切，無須任何道理、聞見，便會「無時不文，無人不文」，可謂是與朱熹對著幹，雖有反理學之鮮明傾向，也同樣有主觀唯心的色彩。但他由此引發對復古主義者的崇古非今的批判，卻是正確的。一代有一代的文學，不應當以時代先後而論優劣。「詩何必古《選》，文何必先秦」云云，當然是針對「七子」派的復古而言的。

　　「童心」說有點近似佛家的「本真」，但又不同於「本真」；「本真」是排除一切慾念的，李贄則大力肯定人的私慾。他在《德業儒臣後論》中指出：

　　　夫私者人之心也。人必有私，而後其心乃見；若無私，則無心矣。如服田者，私有秋之獲而後治田必力。居家者，私積倉之獲而後治家必力。……故官人而不私於祿，則雖召之，必不來矣。苟無高爵，則雖勸之，必不至矣。雖有孔子之聖，苟無司寇之任，相事之攝，必不能一日安其身於魯也決矣。此自然之理，必至之符，非可以架空而臆說也。（《藏書》卷三十二）

　　理學家也承認人有私心與私慾，但提出「存天理，滅人欲」，企圖用「理」來抑制私慾；李贄認為「人必有私，而後其心乃見」，他以私心為本心，不但不抑制它，而且要求保護它，正與理學家相反，充分肯定穿衣吃飯、好貨好色等人的慾望的正當要求，正是晚明文學新思

潮的特徵。在這一點上說，李贄為公安派的「性靈」說提供了理論依據，所以被視為公安派的先驅。

「新變」派大都有反傳統束縛的傾向，這一點在李贄身上表現得尤為突出。他不僅反對程朱理學，也反對孔孟之道。在《藏書》的開篇緒論中，他就發表了振聾發聵、離經叛道的言論：

前三代，吾無論矣。後三代，漢唐宋是也。中間千百餘年，而獨無是非者，豈其人無是非哉，咸以孔子之是非為是非，故未嘗有是非耳。……夫是非之爭也，如歲時然，晝夜更迭，不相一也。昨日是而今日非矣，今日非而後日又是矣。雖使孔夫子復生於今，又不知作如何非是也。（《藏書》〈世紀列傳總目前論〉）

李贄的是非觀，是以人為本的是非觀，判斷是非，要求獨自做出判斷，不假借任何權威與偶像，並且看到了是非標準是可變化的，不是僵化凝固的，代表了新興的市民階層要求打破傳統秩序的願望，這種新思潮其實質是要摧毀封建制度及其意識形態，其中包含著強烈的民主要求。李贄還認為人的本性是相同的，人是平等的，他說：「聖人亦人耳，既不能高飛遠舉棄人世間，則自不能不衣不食、絕粒衣草而自逃草野也，故雖聖人不能無勢利之心。」（《明燈道古錄》卷上）他揭露了封建政治與封建道德反人道的本質，提出了使「天下之民各遂其生，各獲其所願有」（《明燈道古錄》卷上）的理想，這種理想與「勞心者治人，勞力者治於人」的孔孟之道是對立的。因此，李贄的思想不僅帶有叛逆性，同時也代表了新的思潮，這種思潮必然推動文學的「新變」。

作為公安派的前驅，還有兩人值得一提。一是焦竑（1541-1620），

一是湯顯祖（1550-1616）。

第四節　焦竑的「脱棄陳骸，自標靈采」

　　焦竑的文論，與文學「新變」有連繫的，主要有兩點：其一是反對模擬相襲，重視獨創，他提出「脱棄陳骸，自標靈采」的主張。他在《與友人論文》中説：

　　夫詞非文之急也，而古之詞，又不以相襲為美。《書》不借采於《易》，《詩》非假涂於《春秋》也。至於馬、班、韓、柳，乃不能無本祖，顧如花在蜜，藥在酒，始也不能不藉二物以胎之。而脱棄陳骸，自標靈采，虛者實之，死者活之，臭腐者神奇之，如光弼入子儀之軍，而旌旗壁壘皆為色變，斯不謂善法古者哉。近世不求其先於文者而獨詞之知，乃曰以古之詞，屬今之事，此為古文云爾。韓子不云乎：「惟古於詞必己出，降而不能乃剽賊。」夫古以為賊，今以為程，故學者類取殘膏剩馥以相鱗次，天吳紫鳳，顛倒裋褐，而以炫盲者之觀可不見也。……以一二陋者為之，不足怪也；乃悉群盲以趨之，謬種流傳，浸以成俗，至有作者當其前，反忽視而不顧，斯可怪矣。（《澹園集》卷十二）

　　焦竑文學理論的核心便是「脱棄陳骸，自標靈采」，他把文學看作是作家心靈的自我表現。他贊成韓愈的「惟古於詞必己出，降而不能乃剽賊」，也是重創新之意。他反對拾古人牙慧，吃前人的「殘膏剩馥」。對「七子」派的復古，他提出尖銳的批判，古人把剽竊當作賊，而今人卻把因襲模擬當作法則、程式，以至「謬種流傳，浸以成俗」。

他在《竹浪齋詩集序》中，又對「自標靈采」的觀點進行了補充，提出：「詩也者，率其自道所欲言而已。」、「必欲洩千年之靈氣，勒一家之奧言。」在《戴司成集序》中，他說：「所稱文必秦漢，詩必六朝、三唐，摹擬蹈襲以相雄長者，公薄之不為。」對戴司成的稱讚正是對「七子」派復古的批判。他把崇古非今之論，模漢范唐之弊，意欲一掃而光，其目的是為創新掃清道路。其二是，焦竑提出詩歌是「人之性靈之所寄」的主張，對公安派的「性靈」說起了尋夫先路的作用。他在《雅虞閣集序》中說：「詩非他，人之性靈之所寄也。苟其感不至則情不深，情不深則無以驚心而動魄，垂世而行遠。」在強調獨抒性靈的同時，又強調詩文創作要有真情實感。所論頗為全面。

第五節　　湯顯祖的「唯情」說與「新變」

湯顯祖是繼徐渭、李贄之後，代表晚明文學新思潮的中堅人物。如果說李贄文學理論的核心是「童心」說的話，那麼湯顯祖文學理論的核心便是強調「至情」，故有人用「唯情」說來概括他的文學理論。他把「情」在文學理論中的地位提到了前所未有的高度：

《書》曰：「詩言志，歌永言，聲依永，律和聲。」志也者，情也。先民所謂發乎情，止乎禮義者是也。嗟呼！萬物之情各有其志。董以董之情而索崔、張之情於花月徘徊之際，余以余之情而索董之情於筆墨煙波之際。（《董解元西廂題解》）

情致所極，可以事道，可以忘言，而終有所不可忘者，存乎詩歌序記詞辯之間。故聖賢之所不能遺，而英雄之所不能晦也。（《調象庵

集序》)

　　世總為情生，情生詩歌，而行於神。天下之聲音笑貌大小生死，不出乎是。(《耳伯麻姑游詩序》)

　　性無善無惡，情有之，因情成夢，因夢成戲。(《復甘義麓》)

　　如麗娘者，乃可謂有情人耳。情不知所起，一往而深，生者可以死，死可以生。生而不可與死，死而不可復生者，皆非情之至也。夢中之情，何必非真？天下豈少夢中之人耶？(《牡丹亭記題詞》)

　　他把「情」視為文學創作的生命和動因。湯顯祖所強調的情，不是一般意義上的性情，而是要求衝破一切束縛、超越生死界限的「至情」。所以它具有反封建禮教、追求個性解放的民主精神，帶有資本主義啟蒙思想的色彩，體現了新的時代思潮，故而與「新變」有密切的關係。為了突出這種「至情」，他把「情」與「理」對立起來。他在《寄達觀》一文中說：「情有者理必無，理有者情必無。真是一刀兩斷語。」在《青蓮閣記》一文中，他又提出「情」與「法」的對立：「世有有情之天下，有有法之天下。唐人受陳、隋風流，君臣游幸，率以才情自勝，則可以共浴華清，從階升，娛廣寒。令白也生今之世，滔蕩零落，尚不能得一中縣而治。彼誠遇有情之天下也。今天下，大致滅才情而尊吏法。」反對「理」在當時來說，就有反宋明理學的進步意義。在唐代與當代社會的對比中，他認為唐代允許一定的思想自由，李白遇到了一個「有情之天下」；宋代以後，隨著封建制度由上升到衰敗的轉化，思想統治便日益嚴酷，因此他認為，當代社會是一個「滅才情

而尊吏法」的社會。湯顯祖對「理」與「法」的排斥，就是對宋明理
學與明代封建專制統治的否定，是追求思想解放的呼聲。

　　湯顯祖除重「至情」外，還推崇「靈性」，他提出「有靈性者自為
龍」（《張元長噓雲軒文集序》）的問題。這雖然與袁宏道的「性靈」
說含義不完全相同，但要求破除傳統的清規戒律的束縛，按照自己的
精神面貌自由地進行藝術創造的傾向，是相似的。

第六節　公安派的「新變」理論 ──「窮新極變」與「獨抒性靈，不拘格套」

　　明代的「新變」表現得最典型的是袁宏道（1568-1610）為代表的
公安派。

　　晚明的不少文論家對「七子」派的復古都進行過程度不同的批判，
但真正給予「七子」派的復古以致命打擊的是公安派的「三袁」（袁宗
道、袁宏道、袁中道）。「三袁」之中，尤以老二袁宏道的理論貢獻最
大，在論述袁宏道的「新變」論之前，先介紹其兄袁宗道（1560-1600，
字伯修）在「新變」論方面的貢獻。

　　創新與復古是對立的，任何時代的新變派，都對復古派不滿。袁
宗道不止一次指名道姓地批判七子的復古。其《論文》（上）說：

　　空同（李夢陽）不知，篇篇模擬，亦謂反正。後之文人，遂視為
定例，尊若令甲。凡有一語不肖古者，即大怒罵為野路惡道。不知空
同模擬，自一人創之，猶不甚可厭，迨其後以一傳百，以訛益訛，愈
趨愈下，不足觀矣。……或曰：信如子言，古不必學耶？余曰：古文
貴達，學達即所謂學古也。學其意，不必泥其字句也。……彼摘古字

句入己著作者，是無異綴皮葉於衣袂之中，投毛血於肴核之內也。
（《白蘇齋類稿》卷二十）

　　袁宗道從「時有古今，語言亦有古今」（《論文》上）的發展觀點
出發，認為今人感到奇怪的古人的奇句奧句，也可能就是古人的街談
巷語。他對「公然搏扯古人，奄為己有」（《論文》上）的現象深為不
滿，他們自詡為篇篇模擬為「正」，實是持論大謬。所以他反對「篇篇
模擬，亦謂反正」在《論文》（下）中，他把復古派模擬的行為斥為「行
乞左、馬之側，募緣殘溺，盜竊遺矢」。「七子」派的模擬，以「胡寬
營新豐，雞犬各識其家」而自鳴得意。袁宗道則認為：「胡寬營新豐，
至雞犬各識其家，而終非真新豐也；優人效孫叔敖抵掌驚楚王，而終
非真叔敖也。豈非抱影似而失真境，泥皮相而遠神情者乎？」（《刻文
章辯體序》）其批判是尖銳的。他批判復古，並不廢學習古人，但在如
何學古上，他與復古派有很大的分歧。復古派是句模字擬的做傚，他
則認為應學習古人的「辭達」，這一點上受有蘇軾的影響。「學達」就
是學古人之意，不必拘泥於古人的字句。進而他又探究前、後「七子」
復古派的病根，指出「其病源，則不在模擬而在無識」（《論文》下），
根本的原因在於他們胸無所見，淺陋不學，因此，他們為文，「其勢不
得不假借於模擬耳」。為了救正無識與淺陋，他又提出「士先器識而後
文藝」，即先提高自己的器局與見識，然後再從事文藝創作。他說：
「器識文藝，表裡相須，而器識狷薄者，即文藝並失之矣。」（《士先器
識而後文藝》）作家只有「器識深沉渾厚」，才能創作出具有獨創性的
好作品。袁宗道的這些主張和見解，不僅給前、後「七子」的復古派
以切中要害的打擊，而且實開公安派文學理論的端倪。錢謙益《列朝
詩集小傳》說袁宗道「其才或不逮二仲，而公安一派實自伯修發之」。

信然。

　　袁宏道（字中郎）對前、後「七子」復古模擬的批判，與其兄是一致的，《雪濤閣集序》云：

　　文之不能不古而今也，時使之然也。妍媸之質，不逐目而逐時。是故草木之無情也，而輕紅鶴翎，不能不改觀於左紫溪緋。唯識時之士，為能堤其隤而通其所必變。夫古有古之時，今有今之時，襲古人語言之跡而冒以為古，是處嚴冬而襲夏之葛者也。

　　《騷》之不襲〈雅〉也，〈雅〉之體窮於怨，不騷不足以寄也。後之人有擬而為之者，終不肖也。何也？彼直求《騷》於《騷》之中也。至蘇、李述別及《十九》等篇，《騷》之音節體致皆變矣，然不謂之真《騷》不可也。……古人之法，顧安可概哉？

　　夫法因於敝而成於過者也。矯六朝駢麗飣餖之習者，以流麗勝，飣餖者，固流麗之因也。然其過在輕纖，盛唐諸人以闊大矯之；已闊矣，又因闊而生莽，是故續盛唐者，以情實矯之；已實矣，又因實而生俚，是故續中唐者，以奇僻矯之；然奇則其境必狹，而僻則務為不根以相勝，故詩之道，至晚唐而益小。有宋歐、蘇輩出，大變晚習，於物無所不收，於法無所不有，於情無所不暢，於境無所不取，滔滔莽莽，有若江河，今之人徒見宋之不唐法，而不知宋因唐而有法者也。如淡非濃，而濃實因於淡。然其弊至以文為詩，流而為理學，流而為歌訣，流而為偈誦，詩之弊，又有不可勝言者矣。

　　近代文人，始為復古之說以勝之。夫復古是矣，然至以剿襲為復

古，句比字擬，務為牽合，棄目前之景，摭腐濫之辭；有才者詘於
法，因不敢自伸其才；無之者，拾一二浮泛之語，幫湊成詩。智者牽
於習，而愚者樂其易，一倡億和，優人騶子，皆談雅道，籲，詩至
此，亦可羞哉！……詩窮新極變，物無遁情，然中或有一二語，近乎
近俚近俳，何也？余曰：此進之矯枉之作，以為不如是，不足矯浮泛
之弊，而闢時人之目也。……古今文人，為詩所困，故逸士輩出，為
脫其黏而釋其縛。[3]

　　這是一篇討伐復古派的檄文，又是一篇鼓吹「新變」的宣言。「窮
新極變」一語，道破了提倡「新變」的力度與緊迫性。為了掃清「窮
新極變」的障礙，他先對復古派發動猛烈的攻擊。他之批判復古，不
僅僅指出其剿襲模擬，而且是有理論深度的。這種理論基礎，便是他
的文學發展論，首先他認為，文學不能不由古而變為今，這是時代使
然，也是其勢不得不然。這是一個文學發展變化的外部環境。他更多
的是從文學內部的發展規律著眼，論述文學發展的因革沿創，提出創
新變化是每一時代不可或缺的問題。從詩歌史的發展而論，《詩經》不
能不變而為「楚騷」，但「楚騷」並不是因襲《詩經》中的〈雅〉篇，
每一種文體，每一時代的文學都有它獨具的特色，後人模擬也難以相
似。古人之法，是不可一概而論的。在此基礎上，他提出「法因於敝
而成於過」，這句話的意思是說，法由於因襲而造成弊端，這就形成
「過」，後人矯正其過，又成新風。他以六朝至宋代的文學發展為例，
詳細論述了這個問題。六朝文風以流麗取勝，由於因襲流麗而產生「飣
餖之習」，其過在於「輕纖」，故盛唐時代，以「闊大」，矯正「飣餖」、

3　錢伯誠：《袁宏道集箋校》卷十八。

「輕纖」之弊。這種「闊大」，實指盛唐雄渾闊大的氣象，後人稱為「盛唐氣象」。但既已闊矣，又「因闊而生莽」，即因追求闊大之境而產生粗疏和漫無邊際，所以中唐時代的文人以「情實矯之」。一代有一代文學的風貌，相沿日久必成弊端，前人之弊，後人矯之，這是文學發展的一個內部規律。「七子」派主張「文必秦漢，詩必盛唐」，認為唐以後無詩，袁宏道對宋詩給予了高度的評價，説：「有宋歐、蘇輩出，大變晚習，於物無所不收，於法無所不有，於情無所不暢，於境無所不取。」這正是肯定宋詩的「窮新極變」。但他也同時注意到宋詩的流弊，即「以文為詩，流而為理學，流而為歌訣，流而為偈誦」云云，這也是正常的，因為詩歌的發展並不是至宋就是終結，後人也還會「窮新極變」的。前、後「七子」的復古派卻逆文學發展的潮流而動，「以剿襲為復古」。袁宏道在此文中批判了復古的種種弊端，其中之一就是壓製作家的創造才能，使有才者「不敢自伸其才」，要為詩人「脱其黏而釋其縛」，其實質就是讓詩人擺脱一切束縛，沿著「窮新極變」的道路迅跑。

　　袁宏道的文學發展論是他批判復古派的理論基礎，貫穿在他許多的文章中，在《與江進之》一文中説：「世道既變，文亦因之，今之不必模古者也，亦勢也。張、左之賦，稍異揚、馬。至江淹、庾信諸人，抑又異矣。唐賦最明白簡易，至蘇子瞻直文耳。然賦體日變，賦心亦工，古不可優，今不可劣。若使今人執筆，機軸尤為不同，何也？人事物態，有時而更；鄉語方言，有時而異；事今日之事，則亦文今日之文而已矣。」

　　袁宏道在論述文學的發展演變、反對復古的時候，頗具「通變」觀點，注意到各代文學之間因革損益、繼承與革新。他所説的「堤其隨而通其所必變」，就有「通變」的內涵。他認為正是隨時變化的發展

演變，防止了文的潰亡，延續了文的生命，使文學永遠保持著長盛不衰或衰而復盛的勢頭。這有點像劉勰所説的「通變則久」。體式的變化，並不影響內容的豐富多彩，故言「賦體日變，賦心亦工」。他在論文學發展時，「新變」之中包含著「通變」的成分。但他的落腳點是「新變」，「窮新極變」是他的旨歸。袁宏道認為每個時代的文學都應當努力求「新變」，所以他進而提出「法不相沿，各極其變，各窮其趣」的問題。其《序小修詩》説：

　　蓋詩文至近代而卑極矣，文則必欲准於秦漢，詩者必欲准於盛唐，剿襲模擬，影響步趨，見人有一語不相肖者，則共指以為野狐外道。曾不知文准秦漢矣，秦漢人曷嘗字字學《六經》歟？詩准盛唐，盛唐人曷嘗字字學漢魏歟！秦漢而學《六經》，豈復有秦漢之文？盛唐而學漢魏，豈復有盛唐之詩？唯夫代有升降，而法不相沿，各極其變，各窮其趣，所以可貴，原不可以優劣見矣。……不效顰於漢魏，不學步於盛唐，任性而發，尚能通於人之喜怒哀樂、嗜好情慾，是可喜也。[4]

　　「法不相沿，各極其變」的「變」，就是「新變」，唯能創新，才可寶貴；唯有自己的個性風格，所以可貴可喜。盛唐詩如果一味地學漢魏，便沒有盛唐之詩，也就是沒有了時代的個性。一個時代的文學所以能流傳後世，就是因為它不法前人、自我作古，標新立異，獨具一格。所以要「不效顰於漢魏，不學步於盛唐，任性而發」。也就是要求不受任何限制的「新變」。

4　錢伯誠：《袁宏道集箋校》卷四。

為了追求「新變」，袁宏道又提出「獨抒性靈，不拘格套」。這是他創作論的核心，也是主「新變」的旗幟。他敘及袁中道（字小修）的創作特點時說：

> 泛舟西陵，走馬塞上，……足跡所至，幾半天下，而詩文亦因之而日進。大都獨抒性靈，不拘格套，非從自己胸臆流出，不肯下筆。有時情與景會，頃刻千言，如水東注，令人奪魄。其間有佳處，亦有疵處，佳處自不必言，即疵處亦多本色獨造語。（《序小修詩》）

所謂「獨抒性靈，不拘格套」，就是創作出來的作品要從「自己的胸臆中流出」，「本色獨造」，「各出己見，絕不肯從人腳根轉。以故寧今寧俗，不肯拾人一喙。」（《又與馮琢庵師》）而他的「性靈」實為從內容到形式俱不受傳統束縛的靈氣與個性化的心靈，其落腳點還是「新變」。

主張「新變」的人，大都重視文章的新奇。袁宏道在這方面表現得最為突出。其《答李元善》說：「文章新奇，無定格式，只要發人所不能發，句法、字法、調法，一一從自己胸中流出，此真新奇也。」

袁宏道的「新變」論，有較完整的理論體系，不僅理論形態完整，也貫穿在他的基本文學觀、創作論、批評論等各個領域，而且代表了文學解放的新思潮，是新變理論的一個高峰，在歷史上也起過進步作用。錢謙益曾經指出：「中郎之論出，王、李之雲霧一掃，天下之文人學士始知疏瀹心靈，搜剔慧性，以蕩滌摹擬涂澤之病，其功偉矣。」（《列朝詩集小傳》）評價雖然很高，但並不全面，因其主要著眼點還在於袁氏徹底擊敗了「七子」派的復古，對其在「新變」方面的理論建樹，並未給予足夠的重視。實際上，袁宏道是晚明文學新思潮的弄

潮兒。

　　袁中道（1570-1626）論文，亦主「性靈」說，反對模擬抄襲。他的文學發展觀，也與袁宏道相近。他在《花雪賦引》中說：

　　天下無百年不變之文章，有作始自有末流，有末流還有作始。其變也，皆若有氣行乎其間，創為變者，與受變者皆不及知。是故性情之發，無所不吐，其勢必互異而趨俚；趨於俚，又將變矣。……今之剿竊，又將有主性情者救之矣。此必變之勢也。……當其變也，相沿已久，而忽自我鼎革，非世間毀譽是非所不能震撼者，烏能勝之。（《珂雪齋文集》卷一）

　　袁中道也認為文學是不斷發展變化的，故提出「天下無百年不變之文章」，「變」就是矯前人之弊，「自我鼎革」、「多作新意」，「不守故常，獨出新機。」（花雪賦引）由此可見，他所主之「變」亦為「新變」。他與袁宏道不同的是，袁宏道認為「變」是絕對的，為此，什麼樣的「變」他都肯定，什麼樣的「新」他都提倡。袁中道則認為「變」中有守，要「守其必不可變者，而變其可變者」，這樣，他的「變」就是有條件的了。

　　對於李夢陽、何景明等人的復古模擬，袁中道也是反對的，但已遠不如袁宏道那樣激烈，他在一定程度上承認了「七子」派復古的合理性。他說：「自宋元以來，詩文蕪爛，鄙俚雜沓，本朝諸君子出而矯之，文准秦漢，詩則盛唐，始知有古法。及其後也，剿竊雷同，如鼎偽觚，徒取形似，無關神骨。先生出而振之，甫乃以意役法，不以法役意，一洗應酬格套之習，而詩文之精光始出。」（《中郎先生全集序》）他雖然讚美了袁宏道的詩文革新、「精光始出」之功，卻也肯定

了「七子」派矯宋元詩文之弊、使人知有古法的方面，「剽竊雷同」云云，不過是「七子」派的末流而已。在「七子」派和袁宏道的文論之間，表現出一種折中的傾向。其《宋元詩序》說：「為詩者處窮而必變之地，寧各出手眼，各為機局，以達其意所欲言，終不肯雷同剿襲，拾他人殘唾，死前人語下。於是乎情窮而遂無所不寫，景窮而遂無所不收。無所不寫，而至寫不必寫之情；無所不收，而至收不必收之景。」這雖然是針對宋元詩說的，卻也代表了袁中道的文藝觀。其兄是「獨抒性靈，不拘格套」，「任性而發」，主張想寫什麼就寫什麼，要衝破一切束縛；而他則認為應有所選擇，不能想寫什麼就寫什麼，有「不必寫之情」，亦有「不可收之景」，這就等於給文學創作劃定了禁區。

袁中道對公安派的理論，既有所補充，也有所修正。這較集中地反映在《阮集之詩序》中：

> 國朝有功於風雅者，莫如歷下（指李攀龍——引者注），其意以氣格高華為主，力塞大曆後之竇於時，宋元近代之習，為之一洗。及其後也，學之者浸成格套，以浮響虛聲相高，凡胸中所欲言者，皆郁而不能言，而詩道病矣。先兄中郎矯之，其意以發抒性靈為主，始大暢其意所欲言，極其韻致，窮其變化，謝華啟秀，耳目為之一新。及其後也，學之者稍入俚易，境無不收，情無不寫，未免衝口而發，不複檢括，而詩道又將病也。由此觀之，凡學之者，害之者也；變之者，功之者也。中郎已不忍世之害歷下也，而力變之，為歷下功臣。後之君子，其可不以中郎之功歷下者功中郎也哉。（《珂雪齋文集》卷二）

他把李攀龍等的復古，視為「有功於風雅」，又推其「氣格高華」及矯宋元近代之習的功勞，指出其兄所矯正的不過是學李攀龍所形成

的流弊。中郎明明是給了復古派以致命的打擊，他卻把中郎其兄視為歷下之功臣。他的邏輯是學誰就是害誰，矯正誰就是有功於誰，也不分善學與不善學。基於此，他認為阮集之的詩能「奇而不詭，新而不纖，是力變近日濫觴之波」（《阮集之詩序》）的緣故，因此大有功於中郎。也就是說，阮集之在學習中郎「獨抒性靈」的時候，能矯正時俗學中郎詩作的流弊，克服了「膚泛之病」與「俚易之習」，這樣就把復古與「新變」對立兩派的是非界限給抹殺了。比起中郎的「窮新極變」來，不能不說是後退了一步。

當然，從總的理論取向說，袁中道還是屬於「新變」派，而且他在「新變」之中兼容了「通變」。他認為「為詩者處窮而必變」，與劉勰的「窮則變，變則通」等有點相似。他把「變」分為「不可變者」與「可變者」兩部分，雖未明言「不可變者」的具體所指，這一點沒有劉勰明確。他一方面贊成「獨抒性靈，不拘格套」，另一方面又主張「詩以三唐為的，舍三唐而別學詩，皆外道也」（《蔡不瑕詩序》）。他並且告誡其侄們：「若輩當熟讀漢、魏及三唐人詩，然後下筆，切莫率自矜臆，便謂不阡不陌，可以名世也。」（《蔡不瑕詩序》）他又告誡袁不瑕說：「取漢、魏、三唐諸詩細心研入，合而離，離而復合，不效七子詩，亦不效袁氏（指中郎）少年未定詩，而宛然復傳盛唐之神，則善矣。」這些方面，都是強調繼承優秀文化遺產的重要性。所以他的「新變」，與「通變」是兼容的。

公安派之後，以鐘惺（1574-1624）、譚元春（1586-1627）為代表的竟陵派，雖然也倡「性靈」，但已把性靈引向「幽深孤峭」之路，與晚明的文學解放思潮脫了鉤，雖然個別地方有求新求變的言論，但他們在矯正公安派之弊時，又自覺或不自覺地靠近了前、後「七子」，已很難說他們是「新變」派了，故略而不論。

第七章

清代文論中的「新變」

　　晚明的文學解放思潮，很快便又被尊經復古的思潮所取代。清初尊經復古的思潮已成為主流。就封建社會的思想體系與政治體制而言，它們與「新變」是格格不入的。晚明的「新變」派大都有異端思想，是封建社會的叛逆者，也是封建社會的不協調音。尊經復古，雖是文學解放思潮的反動，但因為它主張恢復儒家傳統的東西，與封建的社會制度是協調的，因而也很容易為新的統治者（清朝貴族）所接受。

第一節　田雯的「詩變而日新」及對豔體詩的肯定

　　清初倡「新變」者如鳳毛麟角，尚值得一提的是田雯（1635-1704），他是康熙三年（1644）的進士，與標舉「神韻」說的王士禎（1634-1711）差不多同時，但論詩宗旨與王士禎頗有不同。他論詩是提

倡「新變」的。其《楓香集序》説：

　　詩變而日新，則造語命意必奇，皆詩人之才與學為之也。夫新非
矯也。天下事無一不處日新之勢，況詩乎！顧以詩之新者，譬之文錦
焉，織以天孫之巧，濯以蜀江之波，而後天吳紫鳳，其色鮮也；又如
湛盧焉，采五山之鐵精，熔六合之菁英，而後龜文縵理，其鋒淬矣，
不然，沿襲故常，率以舊篠俳體充斥滿前，今與昔一丘之貉，是以塵
飯土羹充大官之饌也，可乎哉？即奇亦非怪與誕也。自有〈風〉、〈雅〉
以來，學者之心思日出，陵今轢古，自具機杼，昌黎所云：「巧匠斫山
骨，險語破鬼膽。」庶幾近之。（《古歡堂集》〈序〉卷一）

　　他首先肯定「詩變而日新，則造語命意必奇」是事物發展的必然
趨勢，天下的事物無一不處於日新之勢，詩歌創作當然也不能例外。
他把詩之新者，比作有花紋的錦緞，經過織女的巧手，錦江的洗滌，
而後又繡以神奇的圖案其色彩是鮮豔無比的。又把新詩比作湛盧寶
劍，它採用了五山的鐵精，又經過天地四方的菁英冶煉，使寶劍現出
非凡的花紋，且光芒四射，鋒利無比。也就是説，只有「新變」而又
具有新奇色彩的詩，才是最新最美的文字，基於此，他反對「沿襲故
常」，把「舊篠俳體充斥滿前」的作品，視為「塵飯土羹」。他把「新
變」與「新奇」緊密地結合在一起，把「新奇」當作「新變」的相關
範疇。該序文中有幾句話，代表了他對詩歌的美學要求：即「新而不
靡，奇而有則，新如山川之出雲，奇如淮陰（指韓信──引者注）之
用兵。」（《楓香集序》）可見他的「新變」並不是不受任何約束的，這
是因為他與復古沒有割斷連繫，還有向風雅靠攏的趨勢。《楓香集序》
有兩處露出復古來：一是「吾黨之士，雅懷復古」；一是文章結尾所

説：「蓋天地清淑之氣萃於詩人，而以其才與學播之風雅，能如此，可以張吾歷下之軍無疑矣。」最後又把自己和《楓香集》的作者子青，置於李攀龍的後繼者行列之中，成為一個不徹底的「新變」派。

　　田雯的《豔體詩序》，也是考察其「新變」思想的一篇重要文章。他説：

　　豔體詩原於《毛詩》〈國風〉之有〈鄭〉、〈衛〉，〈小戎〉之章曰：「在其板屋，亂我心曲。」〈東山〉之什曰：「其新孔嘉，其舊如之何？」此豔之至者。故紫陽（指朱熹——引者注）以〈鄭〉、〈衛〉為淫風，後之學者多非之。漢、唐以來，張衡有《同聲》之作，繁欽著「定情」之句。下暨《子夜》、《清商》、西崑、《香奩》諸篇，溫、李、段、韓諸人，亦云豔矣。假使尼山（指孔子——引者注）而在，亦必不刪之，則以〈鄭〉、〈衛〉為淫風誠非也。謂豔體詩可以弗作，皆未讀《毛詩》者也。從來有老、莊之玄言，即有徐、庾之麗句，亦文章之不可闕者。

　　余同年玉峰少宰，偉人也。……及讀諸豔體詩，則恍乎遇藐姑射之仙，肌膚冰雪，綽約如女子。所吟弄者，才人正未可測也。……先生之豔體詩，其淵明、廣平之賦乎！惟善讀《毛詩》者乃足以知之。（《古歡堂集》〈序〉卷一）

　　此文是肯定豔體詩的存在價值與美學價值的。為此，他追溯豔體詩原本《詩經》的鄭、衛之風，不同意朱熹將鄭、衛之風目為淫風，認為漢、唐以來，豔體詩代有作者，孔子既然沒有刪掉《詩經》中的豔體詩，就說明此類詩是聖人認可的，這還是「依經立義」，並用「征聖」的方式來證明其論斷的合理性。比起晚明「新變」派的文論家大

力肯定《桂枝兒》、《銀絞絲》一類的豔情詩是「寫男女之真情，發名教之偽藥」是有所不同的。從這裡也可看出田雯不是一個徹底的「新變」派。

第二節　袁枚的「性靈」說與「新變」論

繼田雯之後主新變者是袁枚（1716-1798）。袁枚的思想頗有叛異色彩，也有反程朱理學的傾向。倡言「三代後無真理學，《六經》中有偽文章」（《隨園詩話》卷二）。又說：「《六經》中唯《論語》、《周易》可信，其他經皆可疑。」（《答定字第二書》）他鄙視名教，對假道學先生尤為厭惡，認為「今之理學，半德行之偽者也」（《答家惠纕孝廉》）。曾自言：「孔鄭門前不掉頭，程朱席上懶勾留。」（《遣興》）他的思想特點，是其詩學主張倡「性靈」、主「新變」的基礎。

袁枚論詩崇尚「性靈」，所謂「性靈」，指「性情」與「靈機」。

它與公安派的「性靈」說有一脈相承的關係，但亦有不同。「公安派的性靈說是建立在心學基礎之上的，而袁枚的性靈說是建立在才性說基礎之上的。」[1]但儘管如此，袁枚的「性靈」說與傳統詩學的「言志」、「言情」說還是不同的。他把「性情」分為「性」與「情」，認為性是體，情是用，反對李翶的「尊性默情」以及道學家的只要性理而排斥情，要求以情求性，著重點在情（見《書復性書後》）。在這一點有反理學的新意。「靈機」除了強調天賦靈感外，還含有巧妙靈動之義。既有內容方面的要求，又有審美趣味的取向。另外，他把男女之情提到首要地位。視為詩歌的生命。其《答蕺園論詩書》說：

1　張健：《清代詩學研究》，第726頁。

　　鄙意以為得千百偽濂、洛、關閩（指道學各派——引者注），不如得一二真白傳（白居易——引者注）、樊川（指杜牧——引者注）。以千金之珠易魚之一目，而魚不樂者，何也？目雖賤而真，珠雖貴而偽故也。……且夫詩者，由情生者也，有必不可解之情，而後有必不可朽之詩。情所最先，莫如男女。……宋儒責白傳杭州詩憶妓者多，憶民者少，然則文王「寤寐求之」至於「展轉反側」，何以不憶王季、太王而憶淑女耶？（《小倉山房續文集》卷三十）

　　如此大膽地肯定「男女之情」，又直接針對道學家的扼殺男女之情，這不能不説是新思潮的反映，是市民意識的反映，與傳統的「發乎情，止乎禮義」已大不相同了。

　　袁枚還是齊梁「新變」派的傳人。自隋唐以來，六朝文風與「新變」遭到許多人的批判，人們對宮體詩也諱若如深。袁枚卻肯定豔情詩宮體詩不可缺少。直接引用齊梁「新變」派的言論並加以肯定，這正是他倡「新變」的表現。他説：

　　近日有巨公教人作詩，必須窮經讀註疏，然後落筆，詩乃可傳。余聞之，笑曰：且勿論建安、大曆、開府、參軍，其經學何如？只問「關關雎鳩」、「采采卷耳」，是窮何經、何註疏，得此不朽之作？陶詩獨絕千古，而「讀書不求甚解」。何不讀此書以解之？梁昭明太子（實為蕭綱，袁枚誤記。——引者注）《與湘東王書》云：「夫六典、三禮，所施有地，所用有宜。未聞吟詠情性，反擬〈內則〉之篇，操筆寫志，更摹〈酒誥〉之作。『遲遲春日』，翻學《歸藏》；『湛湛江水』，竟同〈大誥〉。」此數言，振聾發聵；想當時必有迂儒曲士，以經學談詩者，故為此語以曉之。（《隨園詩話補遺》卷一）

　　高青邱笑古人作詩，今人描詩。描詩者，像生花之類，所謂優孟
衣冠，詩中之鄉愿也。……一蕭子顯云：「若無新變，不能代雄。」陸
放翁曰：「文章且忌參死句。」黃山谷曰：「文章且忌隨人後。」皆金針
度人之語。（《隨園詩話》卷七）

　　蕭綱的《與湘東王書》，是針對古文體而發，前已指出。袁枚稱它
為「振聾發聵」之言，袁枚引此，是針對翁方綱的「肌理」說而發的。
「若無新變，不能代雄」，是齊梁「新變」派的綱領，隋唐以來的文論
家，很少有人引用。而袁枚是作為正面例證來引用的。

　　袁枚論詩，與沈德潛的「格調」說是對立的。沈氏主張格高調古，
尊「溫柔敦厚」的詩教。袁枚反對「格調」說，認為有了性情便有了
格調，對詩教亦不以為然，並認為詩教出自《禮記》，未必是孔子提出
的。他說：

　　夫詩寧有定格哉？〈國風〉之格，不同乎〈雅〉、〈頌〉；皋、禹
之歌，不同乎《三百篇》，漢、魏、六朝之詩，不同乎三唐，談格者將
奚從善乎？楊誠齋之言曰：「格調是空間架，拙人最易藉口。」周櫟園
之言曰：「吾非不能為何、李之言以悅世也，但多一分格調者，必損一
分性情，故不為也。」（《趙雲松甌北集序》）

　　他這種觀點，在《隨園詩話》中也屢有表述：

　　楊誠齋曰：「從來天分低拙之人，好談格調，而不解風趣。何也？
格調是空架子，有腔口易描；風趣專愛性靈，非天才不辦。」余深愛其
言。須知有性情，便有格律，格律不在性情外。《三百篇》半是勞人思

婦率意言情之事，誰為之格？誰為之律？而今之談格調者，能出其範圍否？（《隨園詩話》卷一）

　　沈德潛倡格調，尊詩教，重唐詩，與「七子」派有一定之淵源，是清代正統詩派的代表，在某種程度上說，他已成為新的復古派。袁枚極力貶低格調在詩歌中的作用，稱格調為空架子，是缺乏天才的「拙人」的借口。他似乎處處與沈德潛對立，沈德潛的《清詩別裁》，不選王次回的豔體詩《疑雨集》中的作品，這一點，也遭到袁枚的批評。其《答沈大宗伯論詩書》說：

　　至所云「詩貴溫柔，不可說盡，又必關係人倫日用」，此數語有褒衣大祒氣象，僕口不敢非先生，而心不敢是先生。何也？孔子之言，戴經不足據也，惟《論語》為足據。子曰「可以興，可以群」，此指含蓄者言之，如《柏舟》、《中谷》是也。曰「可以觀」、「可以怨」，此指說盡者言之，如「豔妻煽方處」、「投畀豺虎」之類是也。曰：「邇之事父，遠之事君」，此詩之有關係者也。曰「多識於鳥獸草木之名」，此詩之無關係者也。

　　所謂「褒衣大祒」，謂所穿衣服不合體，不中節度。「褒衣」為盛服，「大祒」即大褲襇，這裡有不得體、不合時宜之義。進而他指出，「溫柔敦厚」之說，出自大戴《禮記》，是否為孔子的話，不足據。孔子的話，唯出自《論語》者可信，余皆不足為信，他只相信孔子的「興觀群怨」說，而懷疑「溫柔敦厚」說。他認為「邇之事父，遠之事君」還可說與「溫柔敦厚」有關，「多識於鳥獸草木之名」，則與「溫柔敦厚」毫無關係。這是用「興觀群怨」來否定「溫柔敦厚」。其《再答李

少鶴》又說：「《禮記》一書，漢人所述，未必皆聖人之言。即如『溫柔敦厚』四字，亦不過詩教之一端，不必篇篇如是，二雅中之『上帝板板，下民卒癉』，『投畀豺虎』，『投畀有北』，未嘗不裂眥攘臂而呼，何敦厚之有？故僕以為孔子論詩，可信者，興觀群怨也，不可信者，溫柔敦厚也。」他在《再與沈大宗伯書》中，又為豔詩宮體的存在合理性進行辯護說：「豔詩宮體，自是詩家一格，孔子不刪鄭、衛之詩，而先生獨刪次回之詩，不已過乎？」類似的說法，在《隨園詩話》中亦有表述。其對豔詩宮體的看法，與田雯相近，其「依經立義」的論證方法，也是一致的。

有的研究者提出，袁枚的「性靈」說比起袁宏道的「性靈」說來是一種倒退。「袁宏道的『性靈』說是要擺脫傳統儒家對文學理論的束縛，打破正統封建文學的規範，以市民階層的新文學代替封建主義的舊文學，進行一次具有質變意義的文學革新。而袁枚的『性靈』說則只是在不違背傳統儒家文學理論的基本原則、不改變正統封建文學的根本性質的前提下，盡量擴大文學的活動餘地。前者是傳統詩壇的爆破筒，而後者只是傳統詩壇的活性劑。前者是對正統封建文學思想的叛逆，而後者只是對正統封建文學思想的改良。」[2]此論頗為中肯，但也應承認，袁枚的詩論亦帶有一定的叛逆色彩，只是其激進不如袁宏道。袁枚不敢公開反對孔子，卻經常引用孔子的話或〈詩大序〉的話作為自己的理論依據，他的「新變」論的不徹底性，與他的這種論證方法有關，也與他所處的時代有關。他的時代，封建專制統治比起明後期要嚴厲得多，封建的意識形態，傳統的舊事物，均在強化，是個保守性較強的時代。一代有一代之「新變」，清代倡「新變」的人不會

2　蔡鍾翔、成復旺、黃葆真：《中國文學理論史》（四），第558頁。

同於明代，袁枚的「新變」有著鮮明的時代烙印。

第三節　趙翼的「天工人巧日爭新」與「變故為新」

與袁枚差不多同時的趙翼（1727-1814），也是力主「新變」的詩論家。他追求的是真正的創造性，而且把創造性作為最重要的審美價值標準，這也是他評價歷代（唐至清）詩人創作的標準。其《甌北詩話》云：

元遺山《論詩》云：「蘇門若有功臣在，肯放坡詩百態新！」此言似是而實非也。「新」豈易言！意未經人說過，則新；書未經人用過，則新。詩家之能新，正以此耳。若反以新為嫌，是必拾人牙後，人云亦云，否則，抱柱守株，不敢逾限一步：是尚得成家哉？尚得成大家哉？（《卷五》）

元好問論蘇軾嫌其「新變」過多，指責「蘇門四學士」、「六君子」無人糾正這一點。而趙翼卻認為這正是蘇軾詩的長處。他說「新」是沒有經人說過、沒有經人用過的東西，是真正的創造性，應是詩人追求的目標，沒有新，詩人就不能自成一家，更不能成為大家。又說：「大凡才人好名，必創前古所未有，而後可以傳世。」（《甌北詩話》卷四）可見他認為能久遠傳世的關鍵也取決於有創造性。趙翼有兩首常被人稱道的《論詩》詩，可視為他強調「新變」的代表作：

滿眼生機轉化鈞，天工人巧日爭新。預支五百年新意，到了千年又覺陳。

李杜詩篇萬口傳，至今已覺不新鮮。江山代有才人出，各領風騷數百年。（《甌北詩集》）

另有一首《杜牧詩》：

詩家欲變故為新，只為詞華最忌陳。杜牧好翻前代案，豈知自出句驚人。

趙翼把詩歌史看作是一個推陳出新的過程，而且每一個時代的新，每一個詩人的新，都是短暫的，沒有千古不變之新，古人的新到了今天已變成了陳，今人應當再爭取出新。他在呼喚「新變」的時代、「新變」的詩人的到來，能「各領風騷數百年」。在《杜牧詩》中，他又提出「變故為新」來，「變故為新」當然是「新變」了，但這種「變故為新」的「新變」，又不能不給他的「新變」帶來一些限制，這也是在古典詩歌走向末路的時期，無可奈何的一種「新變」，殘局終於難以挽回。所以他的「新變」呼聲，已淪為詩道艱難時期垂死掙扎的呼聲。

第八章

近代文論的「新變」論

　　一八四〇年的鴉片戰爭，使清政府閉關鎖國的大門再也關閉不住了。由於西學東漸，中西文化產生了碰撞，促使中國傳統文化的嬗變，使得古老的文學觀念變化了，文學形式轉型了。反映在理論上，出現了文論各領域全方位的「新變」，這是中國文學批評史上「新變」最顯著、最豐富、最輝煌的時期。一代有一代的「新變」，此一段的「新變」也最富時代特徵。

　　因為近代社會處於疾速變革的時代，這一時期的社會性質在變，由封建社會逐漸變為半封建半殖民地的社會，經濟基礎在變，階級結構在變，資產階級及其知識分子，他們程度不同地接受了西方資產階級的哲學和社會學說，有了新的思維方法和思維模式，這是近代「新變」的歷史背景和文化背景。

第一節　文學觀念的「新變」

　　明代的新變派雖然開始重視通俗文學與小說，但還沒有把小說視為正統，在他們心目中，處於正統地位的仍是詩文，小說、戲曲在文學的結構中不過處於邊緣位置而已。在西方文學的影響下，近代文論家開始改變鄙視小說、戲曲的陳舊觀念，使小說、戲曲從文學結構的邊緣向著中心轉移。文學觀念的轉變，還表現在近代開始把雜文學的觀念轉變為純文學的觀念，這與受翻譯文學的影響不無關係。近代所譯的外國文學，主要是西方自文藝復興以來的歐美近代文學，在體裁上，主要是小說、詩歌、戲劇，其次是寓言、童話、散文。這些作品的體裁都屬於純文學的範圍。同時，近代作家在西方文論的影響下，對文學本體的認識，對文學審美特性的認識，已不同於封建時代。如金松岑正確地闡述了文學的美感作用。他在《文學上的美術觀》中說：「余嘗以為世界之有文學，所以表人心之美術者也。……人心之美感，發於不能自已者也。」黃人則提出：「美為構成文學的最要素，文學而不美，猶無靈魂之肉體。」（《中國文學史》〈總論〉）這是前此不曾看到的言論。

　　隨著西方文化的輸入，近代文人開始衝破封閉的文化環境，開始放眼看世界，看到了外國文學的光輝，使中國文學的自我優越感從動搖直至破滅。又加上他們有了新的思想武器，這便是進化論，以此來審視文學的發展變化，更加促進了文學的「新變」。康有為曾說：「天下世變既成，人心趨變，以變為主，則變者必勝，不變者必敗。」、「故適逢世變，推陳出新，業尤易成。」（《廣藝舟雙楫》〈卑唐〉）康有為等已經意識到，政治上需要變法，需要「維新」，文學上也要有創造，也要「新變」，「新變」是歷史發展的趨勢，是時代潮流，所以他吟出：

「新世瑰奇異境生，更搜歐亞造新聲。」（《與菽園論詩兼寄任公孺博曼宣》）對近代來說，文學的「新變」已成為時代要求的反映了。所以一批銳意改革，銳意「新變」的人，提出「詩界革命」、「文界革命」、「小說界革命」，將文學的「新變」，推向一個新的高峰。

第二節　「詩界革命」與「新變」

「詩界革命」也有一個發展過程。一八九五年秋冬之際，梁啟超、夏曾佑、譚嗣同經常在北京討論詩歌革命問題，隨之產生了以夏、譚為代表的「新詩」，又稱「新學之詩」。新詩的特點，就是「頗喜撏扯新名詞以自表異」（梁啟超《飲冰室詩話》）。其後黃遵憲又提出「新派詩」來。黃在一八九七年寫的《酬曾重伯編修》詩中說：「費君一月官書力，讀我連篇新派詩。」新派詩的作者多是具有維新思想的愛國志士。新派詩的特點，就是用舊風格含新意境，即用傳統的舊形式表現新的意蘊和思想。梁啟超說：「近世詩人能熔鑄新理想以入舊風格者，當推黃公度。」（《飲冰室詩話》）梁對黃遵憲的評價是中肯的，一八九九年，梁啟超在《夏威夷遊記》中正式提出了「詩界革命」的口號。他認為中國的古典詩歌發展到十九世紀末，「詩運殆將絕」，詩的境界已被「千百年來鸚鵡名士占盡」，詩歌要想發展必須另闢新路，正像哥倫布在歐洲之地已盡時，要發現新大陸一樣。同時提出「詩界革命」要向西方學習。他說：「今欲易之，不可不求之於歐洲，歐洲之意境、語句，其繁富而瑋異，得之可以凌轢千古，涵蓋一切，今尚未有其人也。」梁氏並提出了「詩界革命」的標準：

第一，要新意境，第二要新語句，而又須以古人之風格入之，然後成其為詩。

　　根據這幾條標準，他對以夏曾佑、譚嗣同為代表的「新學詩」表示不滿，認為他們雖然「善選新語句」，但「其語句則經子生澀語、佛典語、歐洲雜用語，頗錯落可喜，然已不備詩家之資格」；「此類之詩，當時沾沾自喜，然必非詩之佳者，無俟言矣」。（《飲冰室詩話》）但他對以黃遵憲為代表的「新派詩」卻是肯定的。他說：「時彥中能為詩人之詩而銳意欲進新國者，莫如黃公度。其集中有《今別離》四首……等，皆純以歐洲意境行之，然新語句尚少。蓋由新語句與古風格，常相背馳。公度重風格，故勉避之也。」（《夏威夷遊記》）他肯定了「新派詩」的「以舊風格含新意境」，又指出這類詩新語句尚少，說明梁氏對「新變」的要求頗高，同時也看出「新語句」與「舊風格」的矛盾，觸及「詩界革命」的局限問題：即詩界革命雖有革新精神，但沒有突破傳統詩體的束縛，像是用舊瓶子裝新酒。

　　黃遵憲（1848-1905）是詩界革命的一員主將，早在一八六八年他寫的《雜感》詩中，已蘊含著「詩界革命」的主張，《雜感》詩其二云：

　　羲軒造書契，今始歲五千。以我視後人，若居三代先。俗儒好尊古，日日故紙研。六經字所無，不敢入詩篇。古人棄糟粕，見之口流涎。沿習甘剽盜，妄造叢罪愆。黃土同摶人，今古何愚賢。即今忽已古，斷自何代前？……我手寫我口，古豈能拘牽。即今流俗語，我若登簡編，五千年後人，驚為古斑斕。（《人境廬詩草》卷一）

　　歷史上曾有過不少批評復古、模擬、厚古薄今的言論，但未有黃遵憲批判得痛快淋漓，辛辣犀利。他並且提出了「我手寫我口，古豈能拘牽」的問題，實質是追求詩歌的通俗化。以時俗語入詩，擺脫傳統的一切束縛，這就觸及詩體改革的根本問題，也是前人未曾提出的

問題。公安派的袁宗道雖然初步觸及言與文一致的問題，但還未達到「我手寫我口」的新高度。

一八九一年，黃遵憲在《人境廬詩草自序》中説：

士生古人之後，古人之詩號專門名家者，無慮百數十家。欲棄去古人之糟粕，而不為古人所束縛，誠戞戞乎其難。雖然，僕嘗以為詩之外有事，詩之中有人；今之世異於古，今之人亦何必與古人同？嘗於胸中設一詩境：一曰復古人比興之體；一曰以單行之神，運排偶之體；一曰取《離騷》、樂府之神理而不襲其貌；一曰用古文家伸縮離合之法以入詩。其取材也，自群經三史，逮於周、秦諸子之書，許、鄭諸家之注，凡事名、物名切於今者，皆採取而假借之。其述事也，舉今日之官書會典、方言俗諺，以及古人未有之物、未闢之境，耳目所歷，皆筆而書之。其煉格也，自曹、鮑、陶、謝、李、杜、韓、蘇，迄於晚近小家，不名一格，不專一體，要不失乎為我之詩。

這篇自序，可以說是黃氏詩歌理論的總綱。他的主創新，並非與古代的優秀文學遺產割斷連繫，在古與今的關係上，他主張棄古人之糟粕，吸收古人的精華。他胸中的詩境，雖首曰「復古人比興之體」，但與復古截然不同，而是手法的繼承。比如對於《離騷》、樂府，他是取其神理而遺其形貌。對於詩中的名物，只有「切於今者」，才「採取而假借之」，其中不乏「通變」的色彩，但更主要的是「新變」，今日的官書會典、方言俗諺，以及古人的未有之物、未闢之境，正是他所追求並要求寫入詩中的。

他很重視詩人自己的獨特個性，「詩中之有人」、「不失為我之詩」，都是旨在強調詩人的獨特個性。這種獨特個性，正是創造性。所

以丘逢甲稱黃遵憲為「詩界之哥侖布」。（《人境廬詩草跋》）

　　梁啟超（1873-1929）也是「詩界革命」的一員主將，同時也是「文界革命」、「小說界革命」的一員主將與鼓吹者。前已指出，「詩界革命」的口號是梁啟超提出的。他自言「予雖不能作詩，然嘗好論詩」（《夏威夷遊記》）。提出「欲為詩界之哥倫布、瑪賽郎，不可不備三長」，這三長就是兩新（新意境、新語句）一舊（舊風格），「若三者具備，則可以成為二十世紀支那之詩王」（《夏威夷遊記》）。梁啟超所說的「意境」與王國維《人間詞話》的「意境」內涵有所不同，主要指詩歌的內容與描寫對象，「新意境」主要指「歐洲之真精神真思想」，他認為「歐洲之真精神真思想」尚且未輸入中國，所以他要竭力輸入它以供作詩的材料。這樣「新意境」就實為新精神新理想了。他推崇黃遵憲的《今別離》等詩「純以歐洲意境行之」，實際是因為寫了輪船、火車、電報、照相等新事物。《飲冰室詩話》錄有黃遵憲的《以蓮菊桃雜供一瓶作歌》，此詩句子長短不齊，長句子多達十五六字，散文化傾向很明顯。如說：「唐人本自善唐花，或者並使蘭花梅花一起發。飆輪來往如電過，不日便可歸支那。此瓶不乾花不萎，不必少見多怪如橐駝。地球南北倘倒轉，赤道逼人寒暑變。……安知奪胎換骨無金丹，不使此蓮此菊此桃萬億化身合為一？」此類詩以傳統詩學觀點看來，簡直是野狐外道。在今天看來，也有點像穿著長袍馬褂的人打著領帶。梁啟超卻說他「半取佛理，又參以西人植物學、化學、生理學諸家，實足為詩界開一新壁壘。『女媧煉石補天處，石破天驚逗秋雨。』吾讀此詩，真有此感。」（《夏威夷遊記》）這類詩力求擺脫傳統的束縛，開闢全新的境界，雖有不足之處，卻是「新變」的大膽嘗試。這是中國傳統的格律詩向「五四」以後的新詩的過渡。梁啟超對其大加讚美，也可能就是為了鼓吹「詩界革命」的緣故吧。

第三節　「文界革命」與「新變」

　　「文界革命」口號的提出，與「詩界革命」同時，見於梁啟超的《夏威夷遊記》。他評論日本三大新聞主筆之一的德富蘇峰的文章説：「其文雄放俊快，善以歐西文思入日本文，實為文界別開一生面者，余甚愛之。中國若有文界革命，當以不可不起點於是也。」這就是説，「文界革命」是以「歐西文思」為起點的。「歐西文思」主要指西方的文化精神與思想，這與「詩界革命」要求輸入西歐的真精神真思想是一致的。梁啟超將「文界革命」提到一個新的高度來看待，他説：「夫文界之宜革命久矣，歐美、日本諸國文體之變化，常與其文明程度成比例。」（《介紹新書〈原富〉》）為使「文界革命」有所收效，他認為必須以「流暢鋭達之筆行之」（《介紹新書〈原富〉》），這實際上是主張「言文合一」。他説：「俗語文體之流行，實文學進步之最大關鍵也。各國皆爾，吾中國亦應有然。」（見阿英編《晚清文學叢鈔・小説戲曲研究卷》第30頁）以上是梁氏「文界革命」的基本主張。為了給「文界革命」掃清道路，梁啟超將批判的矛頭指向八股文與桐城派古文。他説：

　　　故學綴文者，必先造句，造句者，以古言易今言也。今之為教者，未授訓詁，未授文法，闒然使代聖人立言，朝甫聽講，夕即操觚，……又限其格式，詭其題目，連上犯下以鈐之，擒釣渡挽以鑿之。意已盡而敷衍之，非三百字以上勿進也；意未盡而桎梏之，自七百字以外勿庸也。百家之書不必讀，懼其用僻書也；當世之務不必講，懼其觸時事也；以此道教人，此所以學文數年，而下筆不能成一字者，比比然也。（《變法通議》〈論幼學〉）

　　八股文不過是科舉的敲門磚，「代聖賢立言的工具」，禁錮思想的牢籠，它既不能自由表達作者的思想，也不符合創作規律。梁氏從各方面剖析了八股文的種種弊端，具有很強的說服力。在當時，廢八股、變科舉是維新變法的重要內容之一，它既是政治上的一場大變革，也是文體上的一次大解放，與「新變」有密切關係。

　　對於桐城派古文，梁啟超的批判也是不遺餘力的。他自言「夙不喜桐城派古文」，並說桐城派古文「以文而論，因襲矯揉，無所取材；以學而論，則獎空疏、閼創獲，無益於社會。」（《清代學術概論》第69頁）而對桐城派「義法」，則尤為不滿。

　　梁啟超創作的「新體散文」，是其主張「文界革命」的成果，也是近代散文「新變」的產物，他自己總結這種新體散文的文體特點說：

　　　　啟超夙不喜桐城派古文，幼年為文，學晚漢魏晉，頗尚矜煉。至是自解放，務為平易暢達，時雜以俚語、韻語及外國語法，縱筆所至不檢束，學者競效之，號「新文體」。老輩則痛恨，詆為野狐。然其文條理明晰，筆鋒常帶情感，對於讀者，別有一種魔力焉。（《清代學術概論》）

第四節　「小說界革命」與「新變」

　　一九〇二年，梁啟超發表了《論小說與群治之關係》，正式提出了「小說界革命」的口號：「故今日欲改良群治，必自小說界革命始。」這篇文章，是「小說界革命」的理論綱領。他把傳統偏見視為「小道」、「末技」、「不登大雅之堂」的小說，抬高到「文學之最上乘」，

並把小說的社會作用，提到空前未有的高度。他說：

　　欲新一國之民，不可不先新一國之小說。故欲新道德，必新小
說；欲新宗教，必新小說；欲新政治，必新小說；欲新風俗，必新小
說；欲新學藝，必新小說；乃至欲新人心，欲新人格，必新小說。何
以故？小說有不可思議之力支配人道故。……而諸文之中能極其妙而
神其技者，莫小說若。故曰：小說為文學之最上乘也。（《飲冰室文集》
卷十七）

　　這種看法，與前人是很不相同的，所以具有「新變」的色彩。這
種與前人的不同，還帶有資產階級維新運動的時代色彩和階級色彩。
在其《變法通議》中，他說小說「上之可以借闡聖教，下之可以雜述
史事；近之可以激發國恥，遠之可以旁及夷情；乃至官途醜態，試場
惡趣，鴉片頑僻，纏足虐刑，皆可窮極異形，振勵末俗，其為補益，
豈可量邪！」這都具有資產階級變法圖強的鮮明色彩。在歷史上，即
使比較進步的小說理論家，對小說社會作用的認識，也未達到這樣的
高度。如馮夢龍把小說只看成是「六經國史之輔」（《醒世恆言敘》），
「不害於風化，不謬於聖賢，不戾於詩書經史」，「說孝而孝，說忠而
忠，說節義而節義」（《警世通言敘》）。主要目的還是助名教、揚忠
義，為鞏固封建秩序服務。梁啟超的小說理論，主要不是維護舊秩
序，而是為了建立一個新社會，是為民族獨立和發展資本主義這兩個
根本目的服務，這也是他倡「新變」的根本目的。
　　梁啟超小說理論的「新變」色彩還表現在對翻譯西方小說的重視
上，這與他倡導的「詩界革命」、「文界革命」重視引進西方文化精神
的主張是一致的。其《譯印政治小說序》云：

　　在昔歐洲各國變革之始，其魁儒碩學，仁人志士，往往以其身之經歷，及胸中所懷政治之議論，一寄之於小說。於是彼中輟學之子，饟塾之暇，手之口之，下而兵丁、而市儈、而農氓、而工匠、而車伕馬卒、而婦女、而童孺，靡不手之口之，往往每一書出而全國之議論為之一變。彼美、英、德、法、奧、意、日本各國政界之日進，則政治小說為功最高焉。英名士某君曰：「小說為國民之魂。」豈不然哉！豈不然哉！（《飲冰室文集》卷二）

　　新的東西總是與舊的東西相比較而存在，相對立而產生的。為了倡導「小說界革命」，梁啟超的目光亦緊緊盯住了舊小說的流毒，這是有必要的，但是他也片面地誇大了舊小說的消極作用，以至把小說視為萬惡之源，又視為「吾中國群治腐敗之總根源」，這就墮入歷史唯心主義的泥坑了。他在《小說與群治之關係》中說：

　　吾中國人江湖盜賊之思想何自來乎？小說也。吾中國人妖巫狐鬼之思想何自來乎？小說也。……今吾國民惑堪輿，惑相命，惑卜筮，惑祈禳，因風水而阻止鐵路，阻止開礦，爭墳墓而闔族械鬥，殺人如草，因迎神賽會，而歲耗百萬金錢，廢時生事，消耗國力者，曰惟小說之故。今我國民慕科第若羶，趨爵祿若鶩，奴顏婢膝，寡廉鮮恥，惟思以十年螢雪，暮夜苞苴，易其歸驕妻妾、武斷鄉曲，一日之快，遂至名節大防，掃地以盡者，曰惟小說之故。……今我國民輕薄無行，沉溺聲色，綣戀床笫，纏綿歌泣於春花秋月，銷磨其少壯活潑之氣，青年子弟，自十五歲至三十歲，惟以多情多感多愁多病為一大事業，兒女情多，風雲氣少，甚至為傷風敗俗之行，毒遍社會，曰惟小說之故。今我國民綠林豪傑，遍地皆是，日日有桃園之拜，處處為梁

山之盟，……曰惟小說之故。……嗚呼！小說之陷溺人群，乃至如是，乃至如是！（《飲冰室文集》卷十七）

如此說法，未免把小說的社會作用強調得過了頭，客觀上也為封建社會及其統治者開脫了罪責。但從另一面理解，他批判舊小說的消極影響，正是為了「小說界革命」的需要，為了呼喚「新變」。這也是不破不立的道理。

值得一提的是梁啟超對小說美學提出了新的看法，他在《小說與群治之關係》中說：

抑小說之支配人道也，復有四種力：一曰熏。熏也者，如入雲煙中而為其所烘，如近墨朱處而為其所染；《楞伽經》所謂「迷智為識，轉識成智」者，皆恃此力。人之讀一小說也，不知不覺之間，而眼識為之迷漾，而腦筋為之搖颺，而神經為之營注；今日變一二焉，明日變一二焉；剎那剎那，相斷相續；久之而此小說之境界，遂入其靈台而據之，成為一特別之原質之種子。有此種子故，他日又更有所觸所受者，旦旦而熏之，種子愈盛，而又以之熏他人。故其種子遂可以遍世界，一切器世間有情世間之所以成所以住，皆此為因緣也。而小說則巍巍焉具此威德以操縱眾生者也。

二曰浸。熏以空間言，故其力之大小，存其界之廣狹；浸以時間言，故其力之大小，存其界之長短。浸也者，入而與之俱化者也。人之讀一小說也，往往既終卷後數日或數旬而終不能釋然，讀《紅樓》竟者，必有餘戀有餘悲，讀《水滸》竟者，必有餘快有餘怒，何也？浸之力使然也。……

　　三曰刺。刺也者，刺激之義矣。熏浸之力利用漸，刺之力利用頓。熏浸之力，在使感受者不覺；刺之力，在使感受者驟覺。刺也者，能入於一剎那頃，忽起異感而不能自製者也。……

　　四曰提。前三者之力，自外而灌之使入；提之力，自內而脫之使出，實佛法之最上乘也。凡讀小說者，必常若自化其身焉，入於書中，而為其書之主人翁。……

　　人們在對小說閱讀與審美的過程中，自然會受到潛移默化的影響，關心小說中的人物的命運，或與書中的人物產生強烈的共鳴，這是審美主體與審美客體互相交融的結果。梁啟超在這裡所指出的小說所具有的「熏」、「浸」、「刺」、「提」的四種力，是此前的小說理論家所不曾提出的。其中有西方文藝理論的影響，也反映了新登上政治舞台的資產階級欲利用小說為維新變法服務的要求，因此，也具有「新變」的美學內涵。

結　語

　　「正變」、「通變」與「新變」這三個範疇，從以上的論述可以看出，它們是貫穿在中國美學史、中國文學批評史中的重要範疇，歷史上的許多文論家都使用過這些範疇，並利用它們或用與它們相關的範疇來表述他們的文藝思想及理論主張，並且發展了它們、豐富了它們，使它們具有多種多樣的表現形態。以「正變」而論，就有「風雅正變」、「詩體正變」、批評論與創作論的「正變」等等。詩歌的源流演變、盛衰遞嬗，都與它們有關。儘管歷史上各個文論家的看法有很多不同，也發生過許多的論爭，但正是這些論爭，促進了文學批評的發展。

　　「正變」雖是古老的詩學範疇，但它與每個時代的政治和文學都有密切的關係，這在清初看得尤為清楚。「正變」、「通變」、「新變」，都有其產生的文化背景，也各有其形成、發展的過程，而且每一個範疇都不是封閉的凝固不變的，都處在不斷地發展變化之中。

　　「通變」對每個文論家來說，是不可迴避的問題。不僅在每個文論家的文學發展觀中含有「通變」的成分，如何對待文學遺產，如何處理繼承與革新的關係，是每個文論家必須回答的問題。對每個作家來

說，也是創作成敗的關鍵問題之一。從文學史的角度說，在繼承中求革新，是促進文學發展與創作繁榮的必由之路，「正變」與「通變」，在許多文論家那裡是兼容的，「通變」與「新變」也可以兼容，因為主張創新的人也不能憑空創新，也需要借鑑傳統的優秀遺產。

「正變」、「通變」、「新變」，都有一個「變」字，「變」是絕對的，是無往不在、無時不在的。雖然「正變」的保守性較強，多強調「變而不失其正」，崇正抑變者大有人在，但也有不少文論家，能夠克服這種保守性，強調「變」的活力，突出「變」的作用，甚至提出「以變為正」的看法，使他們的理論專著取得了很高的成就。葉燮的《原詩》，就是其中的代表。

「新變」在歷史上雖然有不少人反對，也產生過負面影響，但它往往是新思潮的反映，對「發乎情，止乎禮義」的詩教來說，有離經叛道的色彩，有追求個性解放的傾向。明代的「新變」派，又有反程朱理學的進步性，所以取得了輝煌的成就。對齊梁的「新變」，亦不應持否定態度，他們對形式技巧的講究，也不應戴形式主義的帽子，沒有六朝對形式技巧的講究，就沒有唐代詩歌藝術的繁榮。另外，「若無新變，不能代雄」的新變綱領，放在歷史長河中考察還是正確的。求新求變是人的天性，人們在審美上也大多是追新求變、「彌患凡舊」的。歷史上的許多大家、名家，在創作上都有所「新變」。

「正變」、「通變」、「新變」，不僅可以反映文論家的基本文學觀點，也浸透著每一個文論家的美學思想。它們既是文論概念，也是美學範疇。

對它們作一些梳理和歷史的總結，不僅對研究工作有益，可以通過每個范疇的發展演變，總結出若干帶有規律性的問題，而且對當代的文藝理論和美學理論的建設，也有借鑑意義。

後　記

　　本書在寫作過程中，筆者為了普查「正變」、「通變」、「新變」在歷代的運用與發展演變，曾翻閱了大量的資料。通閱了人民文學出版社出版的七種九冊「斷代文論選」，上海古籍出版社出版的王運熙、顧易生先生主編的《中國文學批評通史》（七種），北京出版社出版的蔡鍾翔、成復旺、黃保真先生的《中國文學理論史》（五冊），李澤厚、劉綱紀先生的《中國美學史》，以及前輩學者郭紹虞、羅根澤先生的《中國文學批評史》等等。新中國成立後各家出版社的各種詩話與詩學專著，也粗略地翻了一遍，有些收穫頗大，有些書從頭翻到尾竟無一條可用者，嘗盡了「範疇叢書」的苦頭，真是披沙揀金啊！

　　近五十多年來，最早把「正變」、「通變」、「新變」當作範疇來論述的是朱自清先生的《詩言志辨》，儘管朱先生的個別觀點我不太同意，但這本書對我幫助很大，引錄也最多。他把「詩言志」當作中國古典詩學的最大範疇來論述，而「風雅正變」、「詩體正變」、「溫柔敦厚」都是「詩言志」的子範疇。雖然論述較簡略，但對我啟發很大。

此外，寇效信的《文心雕龍美學範疇研究》、張健的《清代詩學研究》，亦多有引錄，多所借鑑。在此，我向以上各種著作的作者和「文論選」的編選者、詩話和詩學專著的校點者，一併表示感謝。

　　此書脫稿之後，責任編委蒲震元教授細緻地審閱了全稿，並提出不少寶貴意見，遵照他的意見我又做了一些修改。主編蔡鍾翔先生在夫人重病期間亦審閱了大部分稿子，並告訴我尚有漏校的錯字，讓我在看校樣時注意。責任編輯朱光甫先生及百花洲出版社的領導們，也為此書的出版付出了巨大的勞動。現此書已經付梓，謹向他們表示衷心的感謝。

劉文忠

二〇〇二年七月四日

昌明文庫·悅讀美學　A0606015

正變・通變・新變　下冊

作　　　者	劉文忠	
責任編輯	楊家瑜	
發 行 人	陳滿銘	
總 經 理	梁錦興	
總 編 輯	陳滿銘	
副總編輯	張晏瑞	
編 輯 所	萬卷樓圖書股份有限公司	
排　　版	菩薩蠻數位文化有限公司	
印　　刷	百通科技股份有限公司	
封面設計	菩薩蠻數位文化有限公司	

出　　版　昌明文化有限公司

桃園市龜山區中原街 32 號

電話　(02)23216565

發　　行　萬卷樓圖書股份有限公司

臺北市羅斯福路二段 41 號 6 樓之 3

電話　(02)23216565

傳真　(02)23218698

電郵　SERVICE@WANJUAN.COM.TW

大陸經銷

廈門外圖臺灣書店有限公司

　　電郵　JKB188@188.COM

ISBN 978-986-496-360-7

2019 年 7 月初版二刷

2018 年 1 月初版一刷

定價：新臺幣 260 元

如何購買本書：

1. 轉帳購書，請透過以下帳戶

　合作金庫銀行　古亭分行

　戶名：萬卷樓圖書股份有限公司

　帳號：0877717092596

2. 網路購書，請透過萬卷樓網站

　網址 WWW.WANJUAN.COM.TW

大量購書，請直接聯繫我們，將有專人為您

服務。客服：(02)23216565 分機 610

如有缺頁、破損或裝訂錯誤，請寄回更換

版權所有·翻印必究

Copyright©2016 by WanJuanLou Books CO.,

Ltd.All Right Reserved　**Printed in Taiwan**

國家圖書館出版品預行編目資料

正變・通變・新變/ 劉文忠著.-- 初版.-- 桃園

市：昌明文化出版；臺北市：萬卷樓發行,

2018.01

　　面；　　公分.--(昌明文庫. 悅讀美學)

ISBN 978-986-496-360-7 (下冊:平裝)

1.中國美學史

180.92　　　　　　　　　　　　107002514